卡耐基
沟通的艺术

李阳春◎编著

中国纺织出版社有限公司

内 容 提 要

卡耐基是世界上最具影响力的沟通导师，曾开设卡耐基沟通培训课程，一生致力于研究人际沟通艺术，帮助人们提升说话水平和沟通能力。学习卡耐基的沟通艺术，能帮助我们更贴近人心地说话，从而左右逢源，受人欢迎。

本书从人际沟通的角度出发，集合了所有卡耐基沟通艺术的精华，从理论上讲述了沟通的基本途径，帮助读者提高人际沟通能力，掌握最能赢得人心的沟通诀窍，成就自己的精彩人生。

图书在版编目（CIP）数据

卡耐基沟通的艺术 / 李阳春编著．--北京：中国纺织出版社有限公司，2022.1
ISBN 978-7-5180-8717-4

Ⅰ．①卡… Ⅱ．①李… Ⅲ．①心理交往—通俗读物 Ⅳ．①C912.11-49

中国版本图书馆CIP数据核字（2021）第144736号

责任编辑：张 羽　　责任校对：高 涵　　责任印制：储志伟

中国纺织出版社有限公司出版发行
地址：北京市朝阳区百子湾东里A407号楼　邮政编码：100124
销售电话：010—67004422　传真：010—87155801
http://www.c-textilep.com
中国纺织出版社天猫旗舰店
官方微博 http://weibo.com/2119887771
三河市延风印装有限公司印刷　各地新华书店经销
2022年1月第1版第1次印刷
开本：880×1230　1/32　印张：6
字数：90千字　定价：49.80元

凡购本书，如有缺页、倒页、脱页，由本社图书营销中心调换

戴尔·卡耐基（1888—1955）是著名人际关系学大师、美国现代成人教育之父、西方现代人际关系教育的奠基人。他曾说："一个人的成功，15%靠技术知识，85%靠口才艺术。"卡耐基终其一生，一直致力于帮助人们提升沟通能力，克服谈话中的畏惧心理，培养人与人交流的信心。

卡耐基认为，口才和沟通能力在人际关系中占据着举足轻重的地位。会说话是一种立足社会的能力，卓越的口才是增加自身魅力的砝码，更是让你在生活中、在职场中所向披靡的有力武器。好的口才可以改变一个人的命运，可以帮助你成就一番事业。

生活中，有些人似乎有着某种魔力，他们总是能在三言两语间搞定一切难题。这是因为，他们有着出色的沟通能力。所谓沟通，指的是人与人之间、人与群体之间传递和反馈思想与感情，以求达成思想一致和感情通畅的过程。沟通一定是双向的，只有一来一往，才能够算得上是真正成功的交流。因此，我们在与人沟通过程中，要想获得好的沟通效果，就不能一味地说，而忽视了沟通对象的存在。

　　真正的沟通能力，不仅是拥有滔滔不绝的说话能力，更重要的是有见机说话的技巧。善于沟通的人不一定说得很多，但是，他说的每一句话都能够恰到好处。而之所以他们能将话说到点子上，在于他们能够把握他人的心理，说出对方想听的、所担心的等。

　　本书集合了所有卡耐基沟通艺术的精华。阅读本书，相信你能打开思维，学会更高效有用的沟通技能。当然，提高沟通能力并不是一朝一夕就能做到的，但只要你按照本书中提供的方法进行长时间的认真练习，相信日后你会成为一个对人际沟通驾轻就熟的语言大师。

编著者

2021年6月

目录

第一章 传达善意，打开沟通的第一道门 ·············· 001

　　善意的微笑，是沟通的敲门砖 ·············· 002

　　记住他人的姓名 ·············· 006

　　鼓励对方多谈自己 ·············· 013

　　承认错误是一个人最大的力量源泉 ·············· 018

　　热忱可以融化所有的壁垒和防备 ·············· 021

第二章 友善是一种正能量，助你轻松达成沟通目的 ·············· 025

　　表达善意，打开沟通大门 ·············· 026

　　指责对方，会使自己成为不受欢迎的人 ·············· 030

　　选择一种令人愉快的交流方式 ·············· 036

　　想要钓鱼，就要投放鱼饵 ·············· 040

　　真诚沟通往往会传递强大的正能量 ·············· 046

第三章 掌握方法，表达委婉含蓄让沟通更和谐 ·············· 051

　　委婉地表达自己的批评 ·············· 052

　　委婉地提供自己的意见 ·············· 056

妙用激将法，激发出对方的挑战欲 …………………… 060
"润物细无声"，用间接的方式告诉对方 ……………… 064
意外的赞美，巧妙改变对方的意志 …………………… 067
永远不要与人争论 ……………………………………… 070

第四章　获得认同，掌握简单实用的说服技巧 ……………… 073

给予美誉，让对方保持下去 …………………………… 074
指责别人之前，先静思己过 …………………………… 078
提问的方式好过命令的态度 …………………………… 082
莫逞一时口舌之快 ……………………………………… 085

第五章　保持积极正向的沟通心态，在平凡中寻找乐趣 …… 091

自信，是一股强大的正能量 …………………………… 092
逆境，使人生变得多姿多彩 …………………………… 096
不幸，必须要改变自己的心 …………………………… 100
冷漠，会让人变得毫无感情 …………………………… 103
微笑，坦然接受命运赐予的磨难 ……………………… 108
畏惧，又怎能打倒困难 ………………………………… 112

第六章　化解负面情绪，打开沟通的心门 ………………… 115

情绪烦恼，源于不能接纳自己 ………………………… 116

放下抱怨，长存一颗感恩的心 ⋯⋯⋯⋯⋯⋯⋯⋯⋯⋯ 121

好心情，本身就是一种正能量 ⋯⋯⋯⋯⋯⋯⋯⋯⋯⋯ 125

压力来临，请用正确途径释放负能量 ⋯⋯⋯⋯⋯⋯ 129

练习快乐，使之成为一种习惯 ⋯⋯⋯⋯⋯⋯⋯⋯⋯⋯ 133

发怒，是用别人的错误来惩罚自己 ⋯⋯⋯⋯⋯⋯⋯⋯ 137

第七章 友好交往，掌握社交中沟通的艺术 ⋯⋯⋯⋯⋯⋯ 143

不要忽视一个小小的招呼 ⋯⋯⋯⋯⋯⋯⋯⋯⋯⋯⋯⋯ 144

做一个懂得倾听的人 ⋯⋯⋯⋯⋯⋯⋯⋯⋯⋯⋯⋯⋯⋯ 148

谈论他人感兴趣的事情 ⋯⋯⋯⋯⋯⋯⋯⋯⋯⋯⋯⋯⋯ 152

偶尔来一些"夸张的赞美" ⋯⋯⋯⋯⋯⋯⋯⋯⋯⋯⋯⋯ 156

主动认错，是一种勇敢的行为 ⋯⋯⋯⋯⋯⋯⋯⋯⋯⋯ 160

第八章 婚恋爱情，如何与你的爱人沟通 ⋯⋯⋯⋯⋯⋯⋯⋯ 163

学会原谅，才能更好地走下去 ⋯⋯⋯⋯⋯⋯⋯⋯⋯⋯ 164

被误会，也要学会看得开 ⋯⋯⋯⋯⋯⋯⋯⋯⋯⋯⋯⋯ 168

不要试图改变你的爱人 ⋯⋯⋯⋯⋯⋯⋯⋯⋯⋯⋯⋯⋯ 172

低谷时，不要忘记鼓励对方 ⋯⋯⋯⋯⋯⋯⋯⋯⋯⋯⋯ 176

给对方自由，别把爱抓得太紧 ⋯⋯⋯⋯⋯⋯⋯⋯⋯⋯ 180

参考文献 ⋯⋯⋯⋯⋯⋯⋯⋯⋯⋯⋯⋯⋯⋯⋯⋯⋯⋯⋯⋯⋯⋯⋯ 184

第一章

传达善意,打开沟通的第一道门

善意的微笑，是沟通的敲门砖

在人际交往中，有一个最可爱的部分，那就是令人舒心的微笑。

最近，我去纽约参加了一个宴会。在宴会上，我注意到有一位女宾，她拥有一大笔遗产她很希望其他的来宾能对她产生良好的印象，于是，她穿戴了许多奢侈品，如钻石、貂皮、珍珠等。但我发现，她的神色却依然是尖酸刻薄和自私的。我想，她大概永远也不会明白，比奢侈品更能吸引人的是甜美的微笑。

那么，是不是只要我们张开嘴笑就可以了呢？即便是不诚意的微笑。当然不是！令人愉悦的微笑一定是发自内心的！

我曾同纽约一家大型百货商店的人事部主任交谈过，他告诉我，他宁愿聘用一个连小学文凭都没有但是笑容可爱的女职员，也不会雇佣一个待人冷冰冰的哲学博士。

我还曾与美国一家大型橡胶公司的董事长交谈过，他对我说，按照他的经验，一个人，不管从事什么，假如他不热爱、不高兴的话，那么，他是不可能成功的。他是一位实业界的领袖，对于人们常常说的那句："苦干是打开成功的金钥匙。"他是不认同的。他给出了自己的看法："在我认识的那些成功人士中，他们成功的一个主要原因是他们乐于经营他们的事业，遗憾的是，其中一部分人后来逐渐失去本心，一味追求业绩、埋头苦干，他们让自己的工作变得沉闷，然后失掉了工作的乐趣，逐步导致了他们的失败。"

经营人际关系同经营事业类似。如果你希望别人高兴见到你，那么，你首先要高兴见到别人。

曾经我邀请数千位商界人士，让他们在一天内每个小时都对别人微笑一次，在一个星期后，让他们到我的班级中来讲述结果，你猜怎么样？对于这一问题，我觉得还是有必要先看看纽约证券交易所的会员斯丹哈德的一封信。当然，他的情形并非个例，实际上，这是一个代表。

我结婚已经有18年之久了。之前，从我睁眼开始到我离开家去上班，我几乎不对我的妻子微笑，或者说上完整的几句话。可以说，曾经的我在整条百老汇大街都算得上是脾气最坏的人。

就在前些天，你对我说希望我能加入你的微笑实验中来，我想我就先试一个星期。所以，第二天早上，当我起床梳头的时候，我就对着镜子里那个闷闷不乐的脸说："比尔，从今天起，你要改变你从前的面容，你要微笑。"当我坐下开始吃早饭的时候，我对着旁边的妻子微笑了一下，然后说："亲爱的，早。"

你曾提醒过我，说我的妻子会感到惊讶。但是你对她的态度的估计并不完全准确，她简直迷惑了，她看了我半天。我告诉她，这样的情况以后在我们的家里会持续下去。从那天早上开始，我已经坚持了两个月了。

就这样，慢慢地，我改变了自己的态度。短短的两个月里，我获得的家庭快乐远比在过去一年得到的还多。每当我到达办公室的时候，我也会对公寓里开电梯的人说一声"早安"，并且脸上挂着微笑。我还会对门卫微笑，对地铁里小商铺的伙计们微笑，对那些在从前没见过我微笑的人微笑。

不久后我发现，大家也对我报以微笑。即便是一些人向我抱怨遇到不顺的事，我还是和颜悦色地听着，微笑让我觉得连调解他人之间的纷争和矛盾这种令人头疼的事都变得容易多了。我现在每天都从微笑中获得财富。

想必大家已经从斯丹哈德的分享中感受到了微笑的力量。那么，该怎样微笑呢？我想至少你可以从以下几方面努力：

强迫自己微笑。如果你现在单独一个人的话，那么，你可以哼哼小曲、唱唱歌，做出快乐的样子，那样你会真的快乐起来。

已故的哈佛大学教授詹姆斯曾说:"表面上看,行动是跟着感觉走的,但其实二者是并行的。我们能使直接受意志支配的行动有规律,也能间接地使不直接受意志制约的行为有规律。"按照这种说法,即便我们真的失去了快乐,也能重新得到快乐的途径,那就是快乐地行动、说话,好像我们已经真的很快乐的样子……

不得不说,世界上的任何人都在努力寻找快乐,但只有一个办法能让我们得到快乐,那就是控制你的思想。因为快乐源于你内心的喜悦,而不是来源于外界的情况。比如说,在同一个地方,有两个人,他们有着同样的财富、地位、名望,他们做着同样的事。但一个痛苦,另一个却快乐,这是为什么?因为他们的心境不同。

所以,如果你希望别人喜欢你,那么,你应该记住这一原则:始终保持微笑。

记住他人的姓名

1898年,在美国纽约的一个小乡村,发生了一起悲惨的事件。那天天气寒冷、冰天雪地,村里死了一个小孩,邻居费雷为其下葬,费雷去马棚牵马,谁知这匹马已经好几天没有运动了,根本不听费雷的使唤。当它被费雷引至水槽边时,它居然抬起它的双脚,在地上打转,然后一脚踢在了费雷的身上,费雷就这样丧命了。在短短的一个星期内,这个小小的村子举行了两次葬礼。

费雷留下了一个寡妇、三个孩子和几百美元的保险。其中,他的长子叫杰姆·费雷。然而,你可能无法想到的是,这位杰姆·费雷后来居然成为了美国历史上很有影响力的一个人,他成功地帮助富兰克林·罗斯福当上了美国总统,即使他从来没有接受过学校教育。

父亲去世后,他在一家瓦窑做学徒,每天烧瓦片。但后来,他的人生因为能成功记住他人的名字,而发生了巨大的变化。

虽然杰姆从不知道上学的滋味是怎样的,但截止到他46岁,他已经获得了美国四所大学的荣誉博士的学位,并且,他还是美国的邮政总监、美国民主党委员会的主席。

有人问他成功的原因,杰姆的回答居然是他可以叫出五万人的名字,而这也是他可以帮助罗斯福进入白宫、成为美国总统的原因。

在富兰克林·罗斯福开始竞选总统的前几个月,杰姆的工作很多,刚开始的一段时间,他每天需要写好几百封信给西部以及西北的各个州的人。

然后,他需要走访西部,他登上了火车,在19天之内,他奔波12 000千米,足迹遍及20个州,用遍了马车、火车、汽车、快艇这些交通工具。

每到一站,他都会停下来与接见他的人一起共同进餐,并进行一番亲切的交谈,然后继续他的旅途。

杰姆一回到美国东部,就立即给那些自己曾经遇到的小城镇中的人写信,并请对方帮忙。虽然需要写信的人非常多,但到最后,他们都收到了杰姆的信。并且,在这些信中,杰姆都是这样开头的"亲爱的比尔"或"亲爱的杰恩",而最后总是签着"杰姆"的名字。结果,他的这一做法帮助富兰克林·罗斯福拉到了大量的选票,使其成功地当上了美国总统。这大概就是记住他人名字的神奇效应吧。

在政界,应该所有人都知道这句话:"你能记住选民的名字,这就意味着你能成为国务活动家;而忘记选民的名字,就意味着你将成为被遗忘的人。"其实,这句话不仅适用于政治活动,任何时候,如果你能记住他人的名字,那么,你也会得到他人的青睐。可见,记住别人的名字是多么重要。

美国工业史上,有个不可不提的名字——安德鲁·卡内基。他征服钢铁世界,成为美国最大钢铁制造商,但他并不是如人们所想的那样深谙钢铁制造,他手下有好几百个经理人,每个人都比他更了解钢铁。那么,"钢铁大王"卡内基成功的原因何在呢?实际上,他在很小的时候就显示出了组织、领导才能。

10岁时的卡内基,有一天抓到了一只母兔,不久生了一窝小兔子,饲料因而不够食用。卡内基如何处理呢?他一点儿也不头痛,他的脑海里早有了很美妙的构想,他把邻近的孩子们集合起来宣布:谁能拔最多的草来喂小兔子,就以他的名字给小兔子命名,于是孩子们都争先恐后地为小兔子寻找饲料,卡内基的计划顺利地实现了,他始终没有忘记这一次的成功。

终其一生,他就是利用人们的这种心理成功地领导着许许多多的人。

他在商业上也是如此,并因此获得了巨额利润。一次,他想将钢铁路轨出售给美国的宾夕法尼亚铁路。担任这一铁路局局长的是汤姆森,所以,卡内基就把当时在匹兹堡的一家钢铁厂命名为"汤姆森钢铁厂"。

后来,在卡内基与普尔门互相竞争卧车经营权的地位时,卡内基又想起了兔子的故事。

当时卡内基所管辖的中央运输公司和普尔门所经营的公司都想拿到联合太平洋铁路卧车的经营权,为此,他们争夺了很久。

一天晚上,卡内基在圣尼古拉旅馆门口遇到了普尔门,他说:"你好,普尔门先生,你有没有觉得我们都在作弄自己呢?"

"这话怎么说?"普尔门很诧异。

于是,卡内基将他的想法说了出来:合作,以求双赢。他用很生动的语句讲述了应该双方合作而不是继续争夺下去,普尔门听了半天,并未说话。末了,他问:"这家新公司你准备怎么命名?"卡内基立刻回答:"当然是普尔门皇宫卧车公司。"

听到卡内基这么说,普尔门的双眼立即放起光来,他对卡内基说:"你到我房间来,我们再详谈。"就是这次谈话,成就了人们津津乐道的实业界的奇迹。

一个10岁的孩子就懂得一个人的名字与他自己有着微妙而不寻常的关系。正是因为了解这一点,卡内基便利用人们的这种心理获得了很多人的协助,而成就了不凡的事业。他曾经说过:"姓名是一个人最熟悉、最甜美、最妙不可言的声音,在交际中最明显、最简单、最重要、最能得到好感的方法,就是记住人家的名字。"

其实,记住对方的名字,就很容易赢得好感。因为姓名代表一个人的自我,只有在自我受到尊重的时候,人们才会感觉快乐。我们应该注意到一个名字所能包含的奇迹。

和卡内基一样认识到名字的重要性的,还有贝德茹斯基。他的专用厨师是一位黑人,贝德茹斯基亲切地称呼他为"考伯先生",这让这位黑人厨师觉得自己很重要。贝德茹斯基曾15次周游美国,为那些广大的美国听众演奏。不管何时,他所享用的都是这位黑人厨师做的食物。在那些年里,贝德茹斯基从未用美国通用的黑人称呼"乔治"称呼他,而是一直传统地称他为"考伯先生"。当然,考伯先生也喜欢贝德茹斯基这样称呼他。

就在200年前,那些坐拥财富的人会用金钱来换取作家们的书。我们发现,不少博物馆和图书馆的名字是出自那些希望在日后还被人们记住他们的名字的人,比如,纽约公共图书馆有艾思德与李诺克斯的藏书,京都博物馆永远保留着爱德门与马根的名字,而你还能发现,大概所有的教堂都有彩色玻璃窗,上面保留着那些捐献人的姓名。

据说美国前总统罗斯福记忆人名的能力惊人。

有个曾为美国历届领导人制造小汽车的汽车公司,在一次聚会上,公司经理把机械师坎茨介绍给总统。几年后,当张伯伦带着机械师坎茨再次见到总统时,罗斯福首先热情地和他们握手,亲切地叫着他们俩的名字,这使张伯伦和机械师都特别兴奋。为报效总统的特别记惦和知遇之情,回公司后,他们精心设计,用上将近一年的时光,专门为罗斯福制造出了一辆特别坚固精致的小车。

相对于普通民众来说,国家领导人高高在上,而罗斯福却能记住他们的名字,这就是一种尊重。但是生活中的我们,有多少人这样做了呢?

任何一位政治学家,在从政最初就要学会:"想起选举人的姓名就是从政之才,忘记就是淹没。"同样,在事业与交际上也是如此。

法国皇帝,也是拿破仑的侄儿——拿破仑三世得意地说,即使他日理万机,也仍然能够记得每一个他所认识的人。

他的技巧非常简单。如果他没有清楚地听到对方的名字,就说:"抱歉,我没有听清楚。"如果碰到一个不寻常的名字,他就问:"怎么写?"

在谈话中,他会把那个人的名字重复说几次,试着在心中把它跟那个人的特征、表情和容貌联系在一起。

如果对方是个重要的人物,拿破仑就要更进一步。一旦身旁没有人,他就把那个人的名字写在一张纸上,仔细看看,聚精会神地深深记在心里,然后把那张纸撕掉。

这样做,他对那个名字就不只是有听觉的印象,还有视觉的印象。

这一切都要花时间,对应了爱默生的名言:"好礼貌是由一些小小的牺牲组成的。"

事实上,现实生活中的人们,之所以没有记住他人的名字,是因为他们认为这是一件无意义的工作或者根本没有下工夫去记,而且他们还总是会给自己找借口,比如工作忙。但你不会比拿破仑三世更忙,所以,从现在起,你若希望别人喜欢你,你就应该记住别人的名字。

鼓励对方多谈自己

很多人之所以请医生看病,只是因为他们需要一个倾听者而已。

比如,我最近在出席纽约出版商格利伯的宴会上遇到了一位植物学家。我的朋友圈里没有这种职业的人,因此我觉得他太有趣了。于是,我坐在了他旁边的椅子上,听他讲室内花园,以及关于马铃薯的惊人故事。我自己也有一个小的室内花园——他还贴心地向我支招,告诉我该怎样把花园打理好。

我们的谈话持续了几个小时。到了午夜的时候,我们要离开宴会了,要分别跟主人告辞。这位植物学家对主人说他和我的这场谈话十分有趣,说我"是一位有趣的谈话家",还夸我是"最富激励性的人"。

我是有趣的谈话家?是吗?这让我很吃惊,因为在我们的谈话中,我几乎没说几句话,毕竟我对植物学实在一窍不通,甚至还不如对企鹅的解剖学知道得多。但无论如何,我做到了安静地听他说,因为我对他的话很感兴趣,他自然感到高兴。我想,认真地倾听别人的谈话,大概是对别人最好的恭维。

那么，一次成功的商业会谈的秘诀是什么？注重实际的学者以利亚说："我认为成功的商业交谈没什么秘密，只要你专心注意正在和你谈话的人即可，大概再也没有其他的东西能让人如此开心了。"至于个中原因，我想大概不必解释，即使你没有去哈佛研读四年，你也能很轻松地发现这一点。然而，我们也发现，一些愚笨的商人依然不懂这一点，他们会在市中心繁华的街道租用门面，会装潢出美丽动人的橱窗，甚至会花很多钱去打广告，却雇用一些根本不懂得静静地听顾客讲话的店员。有时候，这些店员甚至还反驳和制止客户谈话，更有甚者，一些店员几乎要把顾客从自己的店内赶出去。

乌顿的经历可以说是给这些商人好好上了一课。一次，在班级中，他讲了这样一个故事：

一次，他在新泽西的百货商店买了一套衣服。然而，这套衣服的质量实在太差了：他穿上身后才发现，黑色的上衣已经把他的衬衫领子染黑了。

后来，他带着这套令人失望的衣服找到这家店和卖给他衣服的售货员，把事情的经过告诉他。谁知道，那个售货员反驳道："这套衣服我已经卖出去一千来件了，还从未有人像你这样挑剔。"

正在他们激烈争吵时，另外一位售货员也插了一嘴："黑色衣服都会这样，这无法改变，要知道，这个价钱的衣服还能指望质量多好呢？"

"听到这里，我简直冒火，很明显，第一个售货员怀疑我的诚实，而第二个则认为我买的是一件便宜货。我当时真想发脾气，正要向他们理论时，他们的经理走了过来。过了一会儿，我的怒气全消了。"那么，这位经理是怎么做到的呢？乌顿先生继续讲事情的经过。

经理采取了三个步骤：

第一，他问我发生了什么。我叙述了从头到尾的经过，在这个过程中，他不发一语，静静地听我说。

第二，当我已经说完的时候，两个售货员又过来插话，想要跟我辩论，而此时，这位经理却站在我的角度和他们辩论。他说，很明显我衬衫领子上的污渍是别的衣服染上去的，并且，他还坚持说，任何无法让别人满意的东西，都不应该从他们的店内销售出去。

第三，他说他确实不知道衣服质量有问题，并且，他还坦诚地问我："对于这件衣服，您希望我怎么处理呢？只要您开口，能办到的，我一定办到。"

最后，他给我一条建议：将这件衣服再试一个星期。"如果那个时候您觉得情况还是这样的话，那么，到时候您再来换一套满意的。让您这样不方便，我们确实感到很抱歉。"

当然，最后我十分满意地离开了这家商店。过了一个星期，我发现这件衣服再没有出现过染色的问题，于是我对这家商店也就更加信任了。

挑剔的人，即便是那些言辞最激烈的批评者，也会在一个有同情心和忍耐力的聆听者面前服软。乌顿先生的经历正是告诉我们这一点。

几年前，纽约电话公司也遇到过这样的情况。

一天，纽约电话公司碰到了一个凶狠的客户，这位客户对电话公司的有关工作人员破口大骂，威胁要拆毁电话。他拒绝付某种电信费用，说那是不公正的。他写信给报社，还向消费者协会提出申诉，到处告电话公司的状。电话公司为了解决这一麻烦，派了一位最善于沟通的"调解员"去会见这位惹是生非的人。这位"调解员"静静地听着那位暴怒的客户大声地"申诉"，并对其表示同情，让他尽量把不满发泄出来。

3个小时过去了，调解员依然非常耐心地倾听着他的牢骚。此后，他还两次上门继续倾听他的不满和抱怨。当调解员再次上门去倾听他的牢骚时，那位已经息怒的顾客把这位调解员当作了最好的朋友，并自愿把所有该付的费用都付清了。

这则故事中，调解员为什么能成功说服这位惹是生非的客户,并与之成为好朋友呢?这是因为他动用了情感的力量,并利用了倾听的技巧,友善地疏导了暴怒顾客的不满,于是这位凶狠的客户也通情达理了,矛盾冲突就这样彻底解决了。

假如你希望周围的某个人躲开你或者在背后嘲笑你,那么,一个极好的办法就是绝不听他说话,只是不断地谈论你自己和关于你自己的事。如果在谈话时,你有自己的意见,那么,千万别等他说完,只管开口谈论你的想法就好。要知道,你为何要浪费时间听一个你不喜欢的人闲谈呢?马上插嘴说话,让他停止侃侃而谈。

那些被自私占满内心的人,被所谓的自我中心麻醉的人,只考虑自己和为自己设想的人,在哥伦比亚大学的巴德勒看来,简直是"无可救药的缺乏教育者。"所以,如果你希望自己成为一个健谈的人,你就要先做一个懂得倾听艺术的人。不要忽视坐在你对面和你谈话的人,包括他自身、他的困难、他的需要,他对这些问题比对你和你自身的问题要感兴趣一百倍以上,要知道,他关心他自己脖子上的小痣比非洲的40次地震还要多。

下次,在你开口谈话之前,一定要记住:如果你希望对方喜欢你,你就要做到耐心倾听,鼓励对方多谈自己。

承认错误是一个人最大的力量源泉

从我家往外走不到一分钟的距离，就有一片森林。春天来的时候，森林的野花盛开，马草长得很茂盛，松鼠上蹿下跳，在森林里建筑巢穴。我把这块完整的林地叫森林公园，实际上，这确实是一个森林公园，我发现它的时候就像哥伦布发现新大陆一样惊喜。一有时间，我就带着我的波斯狗——瑞克斯去森林里散步。它是一只可爱的小狗，因为森林公园中无人，所以我经常不给他系上皮带或者口笼。

一天，正当我们在园中散步的时候，遇到了一位想展示自己权威的警察。

他对我说："你不给它系上皮带，也不给它带上口笼，还让它在森林公园中乱跑，难道你不知道这是犯法的吗？你为什么要这样做？"他的语气中全是责备。

我回答他："我知道这是犯法的，但是我觉得这里四下无人，它也不会对别人造成什么伤害。"

"那是你自己的想法，法律却不管你怎么想，况且，你的那只狗也许会伤害别的孩子或者小松鼠。这次我先不跟你计较、放你一马,但是如果再让我看见你带着你的小狗在这里溜达,还不给它戴上口笼或系上皮带的话,那么,我就会把你交给法官处置了。"

我只好很谦恭地答应了他。

当然,我真的这样做了几次,但我的小狗瑞克斯确实不喜欢系皮带或者戴口笼,我也不想让瑞克斯不开心,所以我经常会格外小心地带它出门,不给它系皮带或戴口笼。起初确实没什么,但是后来发生了一件事。一天下午,我又带着瑞克斯出门了,我们一起在小土丘上玩耍,突然我看见那个总是把法律挂在嘴上的警察骑着一匹红棕色的高头大马出现在我们前方。

我知道我再辩解什么都晚了。于是,我决定在他开口之前先承认自己的错误,我说:"尊敬的警官先生,现在,我被你抓了个现形,我确实犯法了,我没有任何借口。就在上个星期,你说再看见我不给小狗戴上口笼或者系上皮带,你就要把我交给法官处理。"

当我一股脑儿说完这些话后,没想到他的口气却温柔多了,他对我说:"我也能理解,当这里四下无人的时候,让一只小狗在这里自由自在地跑来跑去,确实是一件很诱人的事。""是啊,太诱人了,但确实也是犯法的。"我继续认错。"不过这样的小狗是不会伤害到人的。"他倒替我辩护起来。"不,但它也可能会伤害松鼠。"我说。"哦,我觉得你对这件事太较真了,我告诉你一个办法啊,只要你抱着它跑到土丘那边去,让我看不到它,我想这件事我就可以当看不见了。"

现在想来看看,这位警察也确实挺有人情味的。不过我清楚一点,他需要的是自重感。当我开始承认自己错误并感到自责时,唯一能让他的自重感爆棚的做法就是对我采取宽容的态度,以显出他是一个宽大为怀、具有慈悲心的人。但如果我为自己辩护的话,情况就不得而知了。不过我知道,和一名警察争辩,我是不会赢的。因为无论事实到底如何,警察绝对是正确,而我绝对是错误的。于是,明智的我立即坦白了自己的错误,很快,这件事便愉快地解决了。

其实,当我们知道已经无法避免一场责备时,我们倒不如先责备自己,这样难道不比让别人来责备你好得多吗?听自己批评自己,不是比忍受别人的斥责容易得多吗?如果你能把那些正要被人说出来的批评先说出来,那么,为了提升自己的自重感,对方就更可能宽容你。就如同那位警察宽容地对待我和我的瑞克斯一样。

不要忘记这样一句话:"争辩永远不会让你得到满足,但是让步却能让你得到比期望的还多。"所以,如果你希望别人信服你,请记住这一原则:如果你错了,请立即诚恳地承认。

热忱可以融化所有的壁垒和防备

我5岁时,父亲送了一只黄毛小狗给我,它的名字叫"迪贝",而迪贝给我的童年带来了非常多的快乐。它每天下午4点半左右就蹲在庭院门前,眼睛一眨不眨地盯着我放学回家必走的那条路,等着我回家。每次听到我的脚步声,或者看到我拿着饭盒穿过那片矮树林时,迪贝就飞快地冲上小山,雀跃地叫唤着迎接我。

迪贝跟我做了5年的朋友,结果殒命在一个我永远都忘不了的雷电之夜。这简直是我童年时代的一幕悲剧。

在这里,请允许我再说一次,在生活和工作中,假如你总是关注身边的人,总是对他们好奇、感兴趣,那么即便在仅仅2个月时间里认识的朋友,都会比你曾经在2年里认识的朋友还要多很多。

不过,我们都明白,如果一个人总让别人来关心自己,或总想别人对他感兴趣,那这可能是他一生缺少朋友的原因。总希望别人关心自己,别人对你感兴趣,而又可以成为真正的朋友,这简直是少之又少。

纽约电话公司曾做了一项调查，了解人们在使用电话时最常使用的词语是什么。其结果或许你已经猜到了，那就是人称代词中的"我"。有人曾记录了在500多次电话谈话里"我"这个词出现的次数，结果发现这个词语被反复使用了3 990次。

现在我问你两个问题：当你看到一张有你在里面的集体合照时，你最先看到的会是谁呢？如果你觉得在生活和工作中，大家都关注你，对你非常感兴趣，那么，请问：假如你今晚突然去世，你觉得会有哪些人来参加你的葬礼？

在生活和工作中，只有你主动关心别人，人们才会对你产生兴趣。

现在，请拿出钢笔与记录本记下这些话：

在生活中，假如我们想获得别人的关心，除非自己主动关心他人，让对方对自己感兴趣，那么，我们就不会认识真正的朋友。

著名心理学家阿德勒在自己的著作《生活对你的意义》中写道："一个在生活中不知道关心他人，也总是对他人不感兴趣的人，他的生活会遭受挫折。同时，这种生活习惯，也会给身边的人带来非常大的心理伤害和心理困扰。在整个人类历史的悲剧事件里，都可以看到这些人自私的身影。"

或许你已经阅读过许多关于人类心理研究的专著，但是你却没有认真理解阿德勒著作中的这句话对我们的意义。我一向说话不啰唆，但是因为阿德勒所说的那句话非常重要，我只能再次提醒各位牢记。

我年轻时曾在纽约大学选修短篇小说写作课程，那时是一位当地知名的文学杂志编辑教授我们的课程。那位老师在教学演讲中说自己每天都要收到几十篇的小说稿件，不过他只在这些稿件中随便看几个片段，就可以判断出这个作者是不是喜欢别人。毕竟根据他的职业直觉来说，一个无法和他人很好相处的作者的作品，是没办法去感动读者的。

这个拥有多年社会经验的老师在演讲中，曾两次为自己岔开话题而停止了演讲表示歉意，不过，他依然强调说："现在我必须像一位牧师一样，给你们忠告。假如你们谁想要成为一位成功的小说家，千万要记住，先学会与他人友好相处，必须关心别人，关注别人。"

著名魔术家塞斯顿过去40年来凭着卓越的魔术手法，受到许多观众的欢迎。他去过世界很多地方，差不多有6 000万名观众看过他的表演，这让他获得了200万元的演出收入。他在百老汇演出时，我曾经在他的化妆间采访过他，并听了他的故事。

塞斯顿先生成功的秘诀，其实得从他的成长经历说起。塞斯顿小时候离家出走，成为到处流浪的孩子，没有读过一天书，没钱买票就逃票坐火车，没地方睡觉就在柴草堆里睡觉，还向许多家要过饭吃。因为他总是喜欢看铁路两边的露天广告，所以勉强可以识几个字。

当然，塞斯顿并不是天生就有魔术天赋。尽管他现在出版的关于魔术知识的书籍至少也有几百本，不过，可以像塞斯顿先生这样表演高超魔术的人顶多几十个而已。塞斯顿成功的秘诀在于，他在自己的表演中拥有两个其他人没有的优势。

这两个优势就是独特的人格魅力和知道怎样让观众喜欢。换句话说，塞斯顿表演的每一个行为与言语的音调，都是经过时间和心血设计和练习的，这让他在演出时举止有风度，动作快速而机敏，反应非常灵活。

当然，最重要的是，塞斯顿先生对于怎样与其他人相处非常感兴趣。可能在许多魔术家眼里，台下的观众就是什么也不懂的傻瓜，我只需要在台上好好地玩个把戏欺骗一下他们就好了。但是，塞斯顿却不是这样想的，每次上台演出之前，他总是告诉自己：我非常感谢那些来观看我演出的观众，因为他们，我才有了舒适的生活，我一定尽最大努力去表演好。我要爱我的观众，爱那些来观看我表演的观众。

或许，你觉得这样的话很可笑，不符合普通人的思维。你完全可以按照自己的意愿去想，而我只是想把这个一直备受人们尊重的著名魔术家待人的方式，不加评价地提供给你们作参考。

第二章

友善是一种正能量，助你轻松达成沟通目的

表达善意，打开沟通大门

乔治·戴克生活在宾夕法尼亚州，因为一条高速公路横穿过他工作的服务站，乔治不得不提前退休。退休后的生活是极其无聊的，没过多久，他就厌烦了这样的日子，开始抱着自己的旧提琴打发时间。后来，乔治又到处旅游去听音乐，甚至见了很多修养较高的提琴家。每次遇到提琴家，乔治总显得十分谦和和诚恳，他对他们总是很感兴趣。尽管乔治本人并不是什么出名的提琴家，但是他却因自己诚恳、求知的态度得到了许多提琴界朋友的帮助和指导。之后，乔治参加了许多提琴比赛，没过多久，"乔治叔叔"这个名号就在美国东部的乡村音乐迷中间传开了。当我们听到这个名号时，乔治已经72岁了，但他每天都在享受快乐的生活。因为乔治总是保持着对其他人的兴趣，当大部分退休者认为他们的时代已经终结时，乔治为自己创造了崭新的生命。

老罗斯福总统铸造了伟大的成就，他也因此深受人们的尊敬。当然，这与老罗斯福在平时生活工作中待人和善、关心他人的生活习性是分不开的。即便为他做日常服务的工作人员，也对他有了非常深厚的感情。其中，爱默士是为老罗斯福工作的黑人侍从，他曾撰写了《西奥多·罗斯福心目中的英雄》这本书，并在书中讲述了一个关于老罗斯福的感人故事。

爱默士从来没有看到过鹌鹑，有一次他向罗斯福总统问："鹌鹑这种鸟长什么样呢？"罗斯福很耐心、详细地给他讲述了很多次。这件事情过去没多久，有一天，爱默士家里的电话响了。当时，他和妻子居住在总统牡蛎湾住宅内的一间小房子里，他的妻子接了电话。罗斯福总统在电话里告诉爱默士的妻子："在你们家的窗外就有一只鹌鹑，如果你们现在有时间去看的话，就可以看到爱默士一直想看的那种鸟了。"平时，每当罗斯福经过爱默士的屋子时，不管爱默士他们是否看见了他，罗斯福总会亲切地打招呼："嗨，爱默士！嗨，安妮！"

在日常生活工作中，罗斯福总是和气对待身边的每一个人，关注每一件很细小的事情，这就是他的人格魅力。像罗斯福总统这样的人，必然会赢得生活、工作中身边人的喜欢，因为谁也没办法去讨厌一个每时每刻都在关心自己的人。老罗斯福总统在白宫任职的时候，总是真诚对待身边每一位工作的人，他甚至可以准确地叫出杂务女工的名字并亲切问好。

亚切·伯德曾在回忆录中记录了这样一件事：有一天，离任的罗斯福总统去白宫拜会塔夫脱总统时，刚好塔夫脱总统与夫人有事出去了。这时罗斯福总统看到厨房里工作的佣人爱丽丝，问："你现在是不是还常常做玉米面包呢？"爱丽丝告诉老总统："现在不怎么做那种面包了，因为塔夫脱总统的家人不怎么喜欢吃，即便偶尔做一些，那也是为佣人们做的。"

听到这样的话之后，罗斯福大声告诉爱丽丝："他们不吃，是他们没有那样的好口福。当我见到塔夫脱总统的时候，肯定会告诉他玉米面包是非常可口的食物。"于是，爱丽丝从厨房拿了一块玉米面包给罗斯福总统。罗斯福总统则一边吃一边向塔夫脱总统的会客厅走去。在路过园丁等工作人员身边的时候，他亲切地跟每个人打招呼。那天，罗斯福跟每一位在白宫工作的员工亲切打招呼，并与他们聊天，就好像他以前在白宫当总统时常做的一样。

有一位当时在场的老用人后来在回忆那天的情形时，忍不住热泪盈眶："这是我这几年在白宫工作以来最快乐的一天了，如此令人幸福的经历，即便有人想用财富来换取，我也不愿意。"

前哈佛大学校长依利亚博士，在平时生活工作中总习惯关心他人、照顾他人，所以，他受到了哈佛大学里所有师生的欢迎与爱戴。

有一次，哈佛大学一年级学生列顿去依利亚校长办公室领取贫困学生助学贷款。当列顿拿到助学贷款之后，心中十分感激，正当他想要离开办公室的时候，依利亚校长叫住了他，说："请再坐会儿吧……我听说你常常在学生宿舍自己煮饭，如果你觉得那样可以的话，我也并不认为是一件坏事，毕竟我自己读大学时就曾那样做。"听了依利亚校长的话，列顿十分惊讶。依利亚校长接着说："你是否做过肉饼呢？如果你可以把肉饼弄得又熟又烂的话，那肯定好吃，我在读大学时就很喜欢肉饼。"然后，依利亚校长还向列顿介绍了做这种美食的详细过程。后来学有所成的列顿每每回忆起校长当初的关心，都满怀感激。也正是这份感激，激励他取得今日的成功。

或许，你在生活中做不了音乐家、总统和校长，但你仍然可以像他们一样随时表达善意、赞美他人、传播正能量。

指责对方，会使自己成为不受欢迎的人

凯瑟琳·亚尔佛瑞德是北卡罗来纳州王山一家纺纱工厂的工业工程督导员，她的一部分职责是设计和保持各种激励员工努力工作的办法和标准，让作业员生产出更多的纱线，也让她们从中赚到更多的钱。当公司只生产两三种不同纱线时，他们所采用的方法效果还是可以的。但是，最近公司扩大产品项目和生产能力，希望能生产出十二种不同类的纱线，假如使用之前的办法就不能以作业员的工作量给予她们适当的报酬了，所以也就没办法提高她们工作的积极性了。

于是，凯瑟琳·亚尔佛瑞德设计出一种新的方法，也就是根据每个作业人员在任何一段时间里所生产出来的纱线的等级，来给予这个作业人员一定的报酬。想出这个主意之后，她参加了公司会议，决定向厂里的高级职员证明自己方法是对的。在会上，凯瑟琳·亚尔佛瑞德坚决地说曾经用的方法是不对的，并指出这完全不能给予作业员公平的待遇，然后她提出了自己的建议。但是，结果是显然的，凯瑟琳·亚尔佛瑞德失败了，由于她总为自己的新方法辩护，不留余地，希望那些人

承认过去使用的方法是错误的,这让凯瑟琳·亚尔佛瑞德的建议流产了。

后来,她参加了我的成年人训练班,开始明白自己所犯下的错误。于是,回到公司的凯瑟琳·亚尔佛瑞德请求再召开一次会议。这一次她先请他们说出问题到底出在哪里,然后一起讨论每个重要的问题,并请他们说出解决问题的最好办法。在合适的时候,凯瑟琳·亚尔佛瑞德以委婉的建议引导他们按照自己的意思把办法提出来。等到会议结束的时候,她提出的建议已经被他们愉快地接受了。

现在凯瑟琳·亚尔佛瑞德相信,直接指出一个人的错误,不仅收不到很好的效果,还会给别人带来伤害。毕竟,指责对方不仅伤害了他人的自尊,而且还会使自己成为不受欢迎的人。

麦哈尼在纽约自由街4号专门经营石油作业者使用的特殊工具。来自长岛一位重要顾客在他这里下了一批订单。麦哈尼给出的设计图纸得到肯定之后,他立即开始制造工具了。然而,意外发生了。那位顾客和朋友们谈起这件事,朋友看过图纸便说顾客被骗了,设计图完全不对,工具设计得太宽、太短。顾客的朋友把问题说得很严重,于是顾客打电话给麦哈尼,严词拒绝接受已经在工厂制造的那一批器材。

麦哈尼认真检查了图纸,确定自己是没有错误的,他知道顾客和他的朋友都是因无知在乱说。但是，麦哈尼认为如果这样直接告诉顾客，那对方肯定不会接受。于是，麦哈尼决定亲自去长岛见那位顾客。他刚走进顾客的办公室，对方马上跳起来，很快冲过来说话，情绪十分激动，一边说一边挥舞着拳头，好像要打架似的。他非常凶地指责麦哈尼，说："现在好啦，你说说现在怎么办吧。"

麦哈尼十分冷静地告诉顾客，自己愿意完全按照他的意思去办，毕竟他才是花钱买东西的人。麦哈尼非常诚恳地对顾客说："当然，你应该得到符合你心意的东西。但是，总要有人为此负责吧。如果你觉得自己是对的，请给我另外的制造图纸，现在我尽管为此已经花了两万美元的制造费用，不过我愿意承担这笔损失。只要你满意，我宁可损失这两万美元。但是，我得提前提醒你，如果这次我按照你坚持的做法施工，你就应该承担相应的责任。不过假如你相信我，让我按照原计划进行施工的话，那我可以向你保证所有一切都由我负责。"

这时顾客平静了下来，最后对麦哈尼说："好吧，那就按照原计划进行，不过希望你是对的。让上帝保佑你吧。"

结果麦哈尼果然是对的，后来那位顾客提出在本季度再向他订两批相似的货。

当那位顾客侮辱麦哈尼，在他面前挥舞着拳头，说他是外行的时候，麦哈尼真的需要高度的自制力才不至于和他发生争执，以此维护自己的尊严。不过事情的结果表明，不指责对方是很有效果的。如果当时麦哈尼直接说对方错了，与对方争执起来，那很有可能会惹来一场官司，破坏双方的业务感情。金钱损失还是次要的，重要的是会损失一个重要的客户。现在麦哈尼相信，指出别人的错误是不划算的。

其实，类似的事例是很常见的，你们可能在生活中会随时遇到。

过去很多年，纽约泰洛木材厂的推销员克劳雷总是指出木材检验员的错误，每次都与检验员产生争执并赢得胜利，但除此之外再也没有得到什么好处。而且，由于他太喜欢争辩，导致木材厂蒙受了上万美元的损失。后来，克劳雷参加了我的学习培训班，改变了自己喜欢争执的习惯。事情的经过是这样的。

有一天早上，克劳雷办公室的电话响了，那是一个生气的顾客打来的。顾客在电话里告诉克劳雷，他们收到的木材完全不符合标准，他已经命令员工停止卸货。他在电话里要求克劳雷马上想办法把木材运走。原来当顾客在卸下了1/4的木材货物时，他们的木材质检员表示木材在标准等级以下的有55%，在这样的情况下，顾客当然会拒绝收货。

克劳雷在得知这样的情况之后，马上亲自去顾客的工厂。

在去的路上，克劳雷在心中思考怎样解决这个问题。他非常明白自己送过去的木料是绝对符合标准的，由于那位检验员判断失误才会出现这样的情况。假如平时遇到这样的情况，克劳雷会引证木料分等级的各种条款，以自己从事木料检验员多年的经验和常识去说服那位检验员。但是，在处理这件事上，克劳雷打算采用跟过去不一样的方法。

到了那家木材加工厂之后，克劳雷发现对方的采购员和检验员态度十分恶劣，好像准备用谈判的方式与自己交涉。克劳雷先是跟他们来到卸木料的场地，要求他们继续卸货，以便自己看看哪些木料不合格，然后请质检员把他认为合格与不合格的木材分开放。

经过一番观察，克劳雷发现那位质检员的检查好像太过于苛刻，而且搞错了质检规则。这次的木料明明是松柏，而这位质检员却更擅长硬木知识，并不了解松柏。当然，克劳雷是非常了解松柏的，不过并不能因此去辱骂那位不熟悉业务的质检员。克劳雷先观察了质检员如何检验，然后尝试性地问对方哪里不合格。当时克劳雷没有丝毫暗示或指责他使用的方法是不对的，他只是说为了以后送木料时不再发生错误，所以需要向质检员请教。

克劳雷用积极友善的合作态度和质检员进行交流，同时还夸奖对方做事认真、能干，说他找出不合格的木材是正确的。这样一交流，本来那种弥漫在两人之间的紧张气氛慢慢消失了，双方的关系变得友好起来。这时克劳雷开始非常自然地插了几句经过认真思考的话，让质检员认识到那些他原先认为不合格的木材其实是合格的。由于他说得小心翼翼，所以质检员没有感觉这话是故意的指责。

质检员的态度慢慢改变，最后他不得不说自己并不是很了解松柏的知识，并开始向克劳雷请教。于是，克劳雷便向质检员解释，哪样的松柏才是合格的木材。同时，克劳雷说："假如这次的木料不合格，你们一样可以拒绝收货。"最后，那位质检员发现自己错了，原因就是他们并没有在订货时说清楚对木料的要求。

克劳雷走了之后，那位质检员重新检验了全部的木材，而且全部接收了下来。当然，克劳雷也收到了支票。

克劳雷从这件事得到了宝贵的经验：与他人相处，只要运用合适的聊天技巧，当对方有了错误时，不直接指出对方的错误就可以收到很好的效果。在处理这次事件时，他就是这样做的。这样不仅为公司节约了资金，还赢得了客户的信任，而后者是无法用金钱衡量的。

选择一种令人愉快的交流方式

选择一种令人愉快的交流方式，是我这么多年研究如何与人相处的结论。假如我们在日常生活工作中，能够发自内心地去爱人，那么，即便全美国工作最繁忙的人，也会因感动而与我们合作。

几年前，我曾在伯洛克林兹文理学院举办了一个以写小说为主题的讲习培训班。当时，我们希望可以把著名作家请过来讲述他们的写作经验，比如诺里斯、赫司德、塔勃尔、许士等。于是，我与培训班的学生们联名给这些作家写了信，告诉他们，我们是多么喜欢他们的作品，态度诚恳地请求他们在有时间时来传授一些成功的经验和诀窍。

每封信都有我们培训班150名学生的签名，而且我们在信中写道，我们知道他们工作肯定很忙，可能没有那么多多余的时间来培训班演讲，为了节省时间，我们又在每封信后面附上一张关于怎样写作的问题表，请他们有时间可以填好了寄回给我们。结果，这样的做法受到了作家们的喜欢。他们总会抽出宝贵的时间从很远的地方赶到伯洛克林，为我们做关于写作的专场演讲。

我们还使用一样的方法，非常顺利地邀请到了老罗斯福总统执政时期的财政部部长、塔夫脱总统执政时期的司法部部长等其他的很多名人，来培训班做了多次演讲。

在这么多年里，我总是认真地了解那些才认识的朋友，然后牢牢记住他们的生日。当然，我并不是为了研究星相学，只是纯粹地关注朋友。我是这样做的：首先我会和刚认识的朋友见面聊天，问他们是否相信出生日期与人未来的性格、个性、兴趣有关系。然后，我请他们告诉我他们出生的年月日。我会记住这个生日，在他们走后，我还会将这些朋友的姓名、生日记录到我的一个笔记本上。

我在几年时间里养成一个习惯，那就是将那些记录着朋友生日的笔记本的内容，誊写到我办公桌上的台历上去。每当到了我朋友生日的时候，我就会给他们发去祝福信函，或者发一封祝贺电报。当这些朋友收到我的贺电或信函时，他们非常开心，毕竟这个世界上除了他的亲人，还有一个我在他生日那天祝福了他。

我们获得朋友最快捷的方法就是对别人热情、和善。即使只是接打电话，我们也应该时刻保持亲切的语气："嗨，你好！"对此，纽约电话公司很有发言权。因为他们曾经举办过培训电话接线员的培训班，并且要求培训人员在回答询问者所问的电话号码之前，再一次对询问者说一句："很高兴为您服务。"

这样的处事方法对我们日常商业活动也是很有借鉴意义的。为了不浪费大家的时间，我仅在这里举一个例子。

查尔斯·华特曾在纽约一家银行上班。有一次，华特被指派去调查一家与他工作银行有业务来往的公司的财务情况。华特知道有一家实业公司的经理十分了解自己所要调查公司的财务情况，他可以从那位经理那里获取自己想要的资料。所以，华特马上决定去拜访那位实业公司的经理。

正在华特走进那位经理办公室的时候，一位年轻女士从门外探进头来，对经理说："这几天我这里没有什么好邮票给你。"听到这样的话，那位经理点点头，然后向来拜访的华特解释说："我在为家里12岁的孩子收集邮票。"

华特坐下来时就对那位经理说明了自己拜访的目的，然后对经理提出了自己感兴趣的话题。但是那位经理却心不在焉，模糊而又很不耐烦地应付了一阵。显而易见，他并不想把自己知道的情况告诉华特。之后，不管华特如何努力，那位经理就是不开口，华特无功而返。

后来，在华特感到无能为力时，他忽然想到了那天那位女秘书跟经理的对话中提到的"邮票""12岁的孩子"。同时，华特想到了自己工作的银行有外汇兑换部，由于业务的关系常与世界各地银行通信，肯定会有不少稀有的外国邮票。华特想，看来这些邮票可以有作用了。

第二天下午，华特带着从银行外汇兑换部弄来的邮票去见那位经理。当然，在经理约见他之前，华特先通过秘书转告，自己这次来就是为他儿子送邮票的。结果，理所当然的，华特受到了很热情的欢迎。华特一走进门，那位经理就满脸微笑着迎上来，然后握住华特的双手。当他看到华特带来的邮票时，更是笑得合不拢嘴："呵，我儿子乔琪肯定会喜欢这张，看，这张更稀罕，这是我们平时很少可以找到的……"

这次华特与那位经理的见面氛围特别好，聊天也投机。双方先是聊了半个小时关于集邮的事情，那位经理还拿出自己儿子的照片给华特看。这之后，还没等华特开口，那位经理就回答了华特感兴趣的所有问题。然后，经理还花了一个多小时的时间为华特详细地提供了这次调查所需要的各方面材料。又给一些知情的朋友打了电话，反正尽自己的全部力量给华特提供了那家公司的财务状况。

无论是写作培训班还是华特的成功，都向我们展示了令人愉快的交流方式所蕴含的神奇力量。

想要钓鱼，就要投放鱼饵

我每年夏天都要去梅恩钓鱼，尽管我平时喜欢吃杨梅和奶油，不过我知道水里的鱼喜欢吃小虫子。我每次去钓鱼时，用的鱼饵都是鱼儿喜欢吃的小虫子或蚂蚱，并非我喜欢的杨梅或奶油。当我把鱼饵挂在鱼钩上放进水里时，我会问鱼儿："你喜欢吃这个吗？"

我们可以用一样的方法"钓"到人才。

当其他战争时期的领袖都归隐了，路依特·乔琪依然可以身居高位。对此，他是这样回答的："假如一定要为这找到理由的话，那就是因为我明白，对于钓鱼最关键的是鱼饵的选择。"

每天只考虑自己，确实是自私而幼稚的，你所关注的只是自己需要的东西，而别人也和你一样只关注自己需要的东西，那么相互就无法产生交集，无法相互影响。世界上唯一可以影响他人的方法，就是谈论对方所需要的，然后提出建议。

请牢记这句话，并照这样做。例如，当你看见小孩在抽烟而想要阻止这种行为时，不要训斥，而应告诉他抽烟会让他在棒球队选拔中被淘汰，或让他在赛跑中落后。

无论你面对的是一个孩子，还是一头小牛，或是一只小猴子，影响他们的方法就只有这一种。

有一次，爱默生和他的儿子想把一头小牛赶进牛棚。与一般人的想法一样，他们不会想小牛是否愿意进牛棚，而是想到自己要做的事情。于是，儿子负责在前面拉着，爱默生负责在后面推着，结果小牛却一动不动，牢牢地站在那块草地上。

一个爱尔兰女仆看到这一情景，决定帮助爱默生父子。尽管她并没有什么文化，不过她非常了解牲畜的习性，明白小牛的需求。那么，这位女仆是怎么做的呢？当时，女仆将自己的大拇指放在小牛嘴里让它吮吸，就这样不费工夫地把小牛引进了牛棚。

哈雷·欧弗斯屈脱教授著有《影响人类行为》，他在书里写道："决定我们行为的是我们最基本的欲望，不管是在商务中、家庭中、学校中还是政治中，每当我们想要让对方信服，就需要激发对方的潜在心理需求，这样凡事就要顺利很多，而不会遭遇很大的困难。"

安德鲁·卡耐基小时候就明白了，影响别人唯一的途径就是考虑别人的需求。尽管他只接受过4年的正规教育，但是却在待人方面颇有造诣。安德鲁·卡耐基的嫂子有两个儿子，他们都在耶鲁大学读书，或许是由于太忙，这两个儿子完全没时间去看家里寄来的信，可家里的嫂子却由于两个儿子一直没有回信而焦虑，甚至生病了。那两个儿子似乎完全忘记了家里的母亲。当安德鲁·卡耐基知道这件事之后，给两位侄子写了一封问候信，在信的最后附上一句话：信封里有两张五元钞票，是送给你们每人一张的。实际上，安德鲁·卡耐基根本没在信封里装钱。很快，侄子们回信了，他们先是感谢了叔叔的问候，然后在信的结尾写道：信封里没钱。

史坦·诺瓦克先生生活在俄亥俄州克利夫兰，有一天晚上，诺瓦克先生下班回到家，发现小儿子迪米正在客厅的地板上大哭大闹，因为他不愿意明天去幼儿园。如果在平时，诺瓦克看见这样的情况，肯定毫不犹豫地把儿子赶到房间，然后再严厉要求迪米第二天必须去幼儿园。但是，这次诺瓦克觉得这样做并不能帮助迪米带着好心情去上学。于是，诺瓦克坐在凳子上想，如果我是迪米，为什么不愿意去幼儿园呢？于是，他开始和太太一起列出可以在幼儿园做的事情，可以画画、唱歌，还可以结交新朋友。最后他们就开始行动，诺瓦克和太太莉莉、另一个儿子鲍布开始在厨房画画，玩得不亦乐乎，过了一会儿，迪米就站在墙边偷看，然后要求一起画画。结果诺瓦克拒绝了，说："你必须先到幼儿园学习怎么画画才能参加。"之后，诺瓦克和太太满怀兴奋地告诉迪米，他可以在幼儿园做的事情，以及上幼儿园是如何的快乐。

第二天早上，当诺克瓦起床走下楼梯后，竟然发现迪米在客厅沙发上睡觉。于是，他走过去叫醒迪米，问："你为什么睡在这里？"迪米告诉诺瓦克："我在等着去幼儿园，因为我不想迟到。"原来，一家人的兴奋已经让迪米有了强烈的想上幼儿园的渴望，这不是讨论、威胁或恐吓可以达到的效果。

明天，当你想开口叫别人做什么事情之前，不如先问一下自己：我如何做才可以让他愿意去为我做这件事情呢？

一旦我们先问了自己这个问题，那就会让我们有了考虑，也就不再很突然地去和别人谈论自己的需求。我为了举办演讲研究会，需要租用一家饭店的大舞厅，差不多一个季度就需要租20天。

有一次，在演讲开始之前，我突然接受饭店的通知，舞厅的租金要增加2倍。当时我演讲的通知早就公布了，入场券也已经全部卖出去了。

当然，我并不愿意交增加的租金，但是即便我这样告诉饭店，难道就真的能不交吗？毕竟饭店工作人员只关心自己的收益。于是，我决定两天后去见那位饭店的经理。

见面后，我告诉那位经理："当然，我并没有因此而责怪你，假如我是你，我也会作出一样的决定，毕竟你的职责就是让饭店有收入，假如你无法做到这点，可能会丢掉工作。不过，假如你坚持要求增加租金的话，你可以先听听我说的其中利弊。"

于是我拿出一张纸，在中间画了一条线，在线的一边写"利"，在另一边写"弊"。

我先是在"利"那一栏写"舞厅可以空出来"，并且一边说："这样你出租舞厅更自由了，可以用来举办聚会，这样你会增加收入，毕竟增加的租金比我之前付的租金多很多。我一个季度租用20天，算起来你确实损失不少。"

然后我在"弊"那一栏写"你的收入由于我的离开而减少"。接着说："我确实没办法付出更多的租金，那么我不得不换一个地方做演讲。不过，我想你也清楚这个事实，许多社会上层的知识分子都会参加我的演讲，他们来听我演讲，还可以帮你宣传饭店。即便你花了5 000元宣传费，估计也没这么多人愿意帮忙宣传吧。难道这一切对你来说没有潜在的价值吗？"

说完之后，我将利弊都写在纸上，然后递给饭店经理说："我希望你可以认真考虑这两种情况，然后再作决定。假如你想好了，就告诉我。"

第二天，我收到了饭店经理寄来的租金改为只增加50%的通知。当然，在这件事情中，从头到尾我都没说过要减少租金，我帮助饭店经理分析的是他的需求，以及如何做才能获得那些需求。

或许换作其他人，会非常生气地跑过去跟饭店经理理论，甚至告诉对方自己演讲入场券已经卖出去了，通知也发出去了，这时竟然把租金增加2倍，这分明就是整人嘛。然后强烈抗议对方的做法。

假如是这样，那么就无可避免地引发争吵和争执。最终的结果就是即便知道自己不应该这样做，不过为了维护面子，也不会承认这一点，对方租金是不会下调了。

亨利·福特曾说："如果可以站在对方的立场，从对方的角度去思考问题，就好像你为自己所想的一样，这就是成功的秘诀。"如果你想建立良好的人际关系，那亨利·福特的话就是一个不错的建议。

真诚沟通往往会传递强大的正能量

卡耐基认为，在人与人的交际中，真诚沟通往往会传递强大的正能量，产生意想不到的效果。曾经打败拿破仑的库图佐夫，在给叶卡捷琳娜公主的信中说："您问我靠什么魅力凝聚着社交界如云的朋友，我的回答是'真实、真情和真诚'。"真诚，是说话成功的第一乐章，把话说得真诚，话才足以动听，也才能打动人心。白居易曾说："动人心者莫先乎于情。"隐藏在话语里的至真至诚往往能使"快者掀髯，愤者扼腕，悲者掩泣，羡者色飞"。把话说得漂亮，并不在于华丽辞藻的堆砌，而是话里蕴含的真意、诚意。说话如果只求外表漂亮，而缺乏其中的真诚，那么，它所开出的只能是无果之花。或许，这能欺骗别人的耳朵，却无法欺骗别人的心。

卡耐基曾讲述了这样一个故事：

当公司还是一个小工厂的时候，露西作为公司的领导，总是亲自出门推销产品。而每次碰到砍价比较厉害的对手，她总会真诚地说："我的工厂只是一家小作坊，这大热天的，工人们在炽热的铁板上加工制作产品，汗流浃背，他们该是多辛苦啊！但是，一想到客户，他们会更加努力工作，好不容易才制造出了这些产品。为了对得起这些辛苦的工人，我们还是按照正常的利润计算方法，你看如何？"

听了这样真诚的话，客户开怀大笑，说："许多来找我推销产品的人在讨价还价的时候，总是说出种种不同的理由，但是你说得很不一样，句句都在情理之中。我也能理解，你和你手下的工人都不容易，好吧，我就按你开出的价格买下来好了。"

露西的成功，源于真诚的说话态度，她的话语充满了情感，描述了工人工作的辛苦、创业的艰辛。从表面上看，语言本身并无修饰，且异常淳朴，但正是语言的真诚、自然，才唤起了他人内心深切的同情。恰恰是露西通过语言表达出来的真诚，换来了对方真诚的合作。在生活中，人与人之间应该以诚相待，当你袒露了自己的真诚，相应地，也将收获对方给予的真诚。

北宋词人晏殊以说话真诚著称。晏殊14岁的时候参加殿试，宋真宗出了一道题。晏殊看到试题之后，说："陛下，十天以前我已经做过这个题目了，就请陛下另外再出一个题目吧！"宋真宗见晏殊如此真诚，对他十分信任，赐予了"同进士出身"。

在晏殊任职期间，闲暇时他都在家里与朋友们闭门读书，而其他大小官员都出去吃喝玩乐。有一次,宋真宗点名要晏殊辅佐太子,对此,许多大臣都很疑惑,怎么会点一个"同进士出身"的人呢?宋真宗说:"近来大小官员经常出门吃喝玩乐,唯有晏殊与朋友们每天在家读书、写文章,如此自我谨慎,难道不是最合适的人选吗?"晏殊听后笑了,他向宋真宗谢恩,然后解释道:"其实我也是一个喜欢游玩的人,但因家里贫穷无法出去,如果我有钱,也早就溜出去玩了。"宋真宗听了,十分赞叹晏殊说话的真诚,对他也就更加信任了。

卡耐基说,与人交往,付出的十分真诚如果得到了八九分的回馈,那就是情有所值、利大于弊了。尽管有时候你没有收获同样的真诚,但你用自己的真诚形成的气场,将会吸引更多真诚的人来到你身边。

1.真诚的话才会打动人心

在日常生活中,滔滔不绝、流畅优美的语言表达听起来虽然十分爽利,但若是缺少了其中的真情实意,那就失去了所有的吸引力。如此说话就如同一束没有生命力的绢花,很美丽但不鲜活动人,更缺少魅力。在说话的过程中,我们首先应该想到的是如何把自己的真诚融入语言中,如何把自己的心意传达给他人,因为只有当对方感受到你的真诚的时候,他才会打开心门,接受你表达的看法,而彼此之间才会有继续交流的机会。毕竟，只有把话说得真诚，话才会打动人心。

2.遵循杰亨利法则

杰亨利法则是以发明人杰瑟夫·卢夫特和亨利·英格拉姆的名字命名的。它的核心是，坚信相互理解能够提高知觉的精确性并促进沟通的效果。杰亨利法则主张运用坦率真诚的沟通方式。在人际交往中，沟通是不可避免的，而其中的沟通问题同样也是不可避免的。坦率、真诚是人际关系中的重要元素，同时也是促进沟通渠道畅通的有效保证。在任何时候，真诚都将是最受用的沟通方式。真诚是沟通的基础，无论对于说话者还是听话者来说，都至关重要。说话的魅力，并不在于说得多么流畅、多么滔滔不绝，而在于表达是否真诚。语言的美丽源于真诚，与人交往也贵在真诚。

第三章

掌握方法，表达委婉含蓄让沟通更和谐

委婉地表达自己的批评

卡耐基一直主张,当我们不得已需要指出对方错误的时候,需要采用含蓄间接的方法。就像理发师替人修面时,需要先敷上一层肥皂水,才不至于伤到皮肤,而批评也需要采用这样的方法。

虽然我们经常说"忠言逆耳,良药苦口",但实际上又有谁愿意听逆耳的话、喝苦口的药呢?每个人都有自尊心,他们骄傲的内心不允许别人当面、直接指出错误。如果你偏偏要走"直路",毫不留情地指出对方的错误,那么就会伤害到对方的自尊心,使对方处于一个难堪的境地,而他在愤恨之余也不会接受你的建议。所以,当直路不能畅行的时候,不妨选择委婉的方式。当你用委婉代替了直接,巧言暗示对方所犯下的错误,他一定会聪明地领悟到你的良苦用心。

关于委婉批评对方卡耐基讲了这样一个故事:

在柯立芝总统执政的时候,我的一个朋友在周末时应邀到白宫做客。当他走进总统私人办公室的时候,正好听到柯立芝对他的一个女秘书说:"你今天穿的衣服很漂亮,正适合你这样漂亮的女孩子。"

没想到，平日里沉默寡言很少赞美别人的柯立芝总统，这次却对他的女秘书说出这样的话来。听到这样的话，女秘书脸上顿时涌现出一层红晕。总统接着说："别难为情，我刚才的话，是为使你感到高兴；从现在起，我希望你在公文的标点上稍微注意一点。"

有时候，我们会对身边的人所说的话或者所做的事情感到不满，抑或是因友谊（发现朋友正在犯错）而需要指出对方的错误。这时候，很多人会选择以直接的方式说出来，更有甚者会选择一个公开的场合指手画脚"你这里做错了，我认为该怎么样"，完全不顾及别人的感受。这样直接的做法只会伤害到对方，而且也不容易让对方接受。到底该怎么做呢？威尔森太太的做法很值得大家学习。

威尔森太太为了整修房屋而请来几位建筑工人。起初几天，她发现这些建筑工人每次收工后都把院子弄得又脏又乱。可他们的手艺却无可挑剔，威尔森太太不想训斥他们，便想了一个好办法。一天，建筑工人收工回家后，她便和孩子们一起偷偷地把院子收拾整齐，并将碎木屑扫好，堆到院子的角落里。等第二天工人们来干活时，她把工头叫到一边大声说："我真的为你们在收工前将我的院子扫得这么干净而高兴，我很满意你们的举动。"之后，每到收工时，工人们都自觉地把木屑扫到角落里，并且让工头做最后的检查。

如果威尔森太太直接指出工人的错误，肯定会使工人们大为恼火，而这种情绪会影响其工作效果，也会破坏他们与威尔森太太之间的友好关系。所以，聪明的威尔森太太没有直接指出错误，而是委婉地表达了自己的想法，聪明的工人们一下子就明白了威尔森太太的意思，并及时改正自己的行为。

卡耐基说："当我们要劝阻一件事时，必须记住永远躲开正面的批评。如果有提醒的必要，我们不妨旁敲侧击地去暗示对方，因为正面的批评会毁损他的自重，剥夺他的自尊。如果你旁敲侧击，对方知道你用心良苦，他不但会接受，而且会感谢你。"

1.曲径通幽

比起直接的说话方式，委婉更容易被人们接受。所以，当我们指出他人错误的时候，要尽可能避免直接的方式，选择能通幽的小径，委婉地劝说他人的错误。这样的"曲径"不但能把我们的意思准确地表达出去，还能使对方成功地接受你。因为要想对方能虚心地接受你的建议，就要注重说话的技巧，即要委婉地指出他人的错误，切勿直接批评。

2.含蓄委婉

直言快语的勇气值得称赞，但并不容易被人接受，也达不到预期的效果；委婉的表达方式虽然有点麻烦，但更容易达到成功的目的。我们需要指出对方的错误，实际上就是一种批评，而成功的批评方式就是让对方能够愉快地接受批评，及时地认识到自己的错误，并加以改正。所以，我们需要委婉地指出对方的错误，这样会显得温和，而且不易引起对方的强烈排斥。

总之，直接只会让忠言被排斥在门外，良药被倒进垃圾桶，而且委婉代替直接，让良药不再苦口，让忠言也能顺耳，以巧言语惊四座，才能更好地指出对方的错误，达到劝告对方的目的。

委婉地提供自己的意见

卡耐基曾经说过："如果你仅仅是提出建议，而让别人自己去得出结论，让他觉得这个想法是他自己想到的，这样不更聪明吗？"有关社会学家的研究成果已经表明，人们对于自己得出的看法，往往比别人给出的看法更加坚信不疑。因此，我们要想使自己的想法被别人接受，在许多时候应该仅提出建议和意见，其中所蕴含着的结论，最好留给别人自己去得出，而不宜越俎代庖，硬把自己的意见往别人头脑里塞。让他人觉得正确结论是他自己得出的，可以说是向他人提出意见的最高艺术。

赫斯特年轻的时候，在旧金山开了一家规模比较小的报社。一次，适逢著名漫画家纳斯特来到旧金山，赫斯特就想请他帮助自己完成一个非常重要的计划：为了保险起见，他想发动人们敦促电车公司在电车前面装上保险杠。而这需要纳斯特按他的构思给他画一幅漫画，可纳斯特给他画的第一幅画却令他不满意。纳斯特是著名的漫画家，自己花了那么大工夫才说动他动笔，如何才能让纳斯特心甘情愿地为他重画一幅漫画呢？

一天晚上，在他们共用晚餐时，赫斯特大大夸赞了那幅漫画。接下来，赫斯特又说："这里的电车已经造成许多孩子或死或残。有时候，我觉得那些开车的司机就像吃人的妖精一样，根本不是人。他们好像从来都不会思考，总是直接冲向那些在街上玩耍的孩子们。"纳斯特立即跳了起来，惊讶地嚷道："天啊！先生，我保证可以画出一幅出色的漫画，请把原来的那幅撕掉吧，我重新画一幅。"

于是，纳斯特兴高采烈地在宾馆挥舞着画笔，按赫斯特提供的思路，一直忙到深夜。第二天，他果然送来了可以使电车公司屈服的杰作。

纳斯特在赫斯特的巧妙诱导下主动请求重画，还按照赫斯特的想法辛苦了大半夜，交出一幅令所有人满意的漫画。在纳斯特想来，他甚至以为是自己无意中有了一个绝妙的构思。聪明的赫斯特就是这样不动声色地把自己的思路放入纳斯特的头脑中去了。因此，如果想让一个人愉快地接受你的意见和计划，最好是让他觉得这一切都是他的想法，相信一切都源自他自己的创作。不露痕迹地把自己的思想植入他人的脑中，使他完全心甘情愿地为你效力，可谓事半功倍。

孙子曰："不战而屈人之兵。"孙子认为，能够百战百胜，还不算是最高明的将帅；只有不战而使敌人屈服，那才称得上是最高明的人。同样的道理，在交际中以智取胜：巧妙提出自己的建议，让他人发现问题，并通过思考来解决出现的问题，同时觉得那个想法是他自己的。这样既容易达到建议的目的，又会最大限度地保护他人的自尊心，不可谓不高明。

1.让对方认为想法是他自己想出来的

如果别人有存在问题的地方，你仅仅提出建议，让他发现自己问题的所在，从而通过思考来解决出现的问题。这样既帮助别人解决了问题，还让别人拥有了一种成就感。何乐而不为呢？泰勒是著名的工程师，他曾经对自己的雇员就使用这种方法，他说："让他们以为是他们自己构思出了那些别人逐渐灌输给他们的思想。"

2.巧妙地将自己的建议变成对方的想法

在与人交往的过程当中，当发现他人的决策、意见有错误和失误的时候，不妨向他人提出一些建议、忠告。最高明的技巧就是既让自己提出的见解能够被对方采纳，又让对方觉得这个见解其实是他自己的想法。

要让他人觉得正确结论是他自己得出来的，就不要直接去点破错误、失误之所在，而要用征询意见的方式，向他人讲明其决策、意见本身与实际情况不吻合，使他人在参考你所提出的许多意见时，自己得出正确结论。这样一来，我们仅提出意见，就能使他人得出正确想法，不但我们会因为他人正确的决策而受益，他人也会因为这个想法是他自己的而自豪不已。

妙用激将法，激发出对方的挑战欲

在生活中，无论做什么事情都会有潜在的竞争，而只有竞争才能激发内心自我超越的欲望，才能更好地把这件事情完成，甚至爆发出前所未有的潜力。卡耐基认为，在日常交际中，我们要善于使用激将法，巧妙地将潜藏在人们身上的潜力激发出来，从而调动他们的积极性。其实，很多领导就善于发现员工的这一心理特点，他们会通过一些灵活的方法，激发下属自我超越的欲望，从而使工作效率得到大幅度提高。

有一家空调制造厂，因为员工一直完不成定额，主管非常着急，用尽了办法，又是说好话，又是鼓励，又是许愿，甚至采用了"完不成定额，就走人"的威胁手段，可还是没有一丝的效果。他只好向总经理做了如实的汇报。

总经理在主管的陪同下走进了工厂，当时日班马上就要结束了，总经理问一位工人："请问，你们这一班在今天制造了几部空调？""5部。"那位工人回答。总经理没有再说话，只是拿了一支粉笔在地板上写下了一个大大的数字"5"，然后转身离开了车间。夜班工人接班的时候，看到了那个"5"字，便问是什么意思,那位准备交班的日班工人详细地做了解释。夜班工人看着那个"5"字,越看越觉得刺眼。

第二天早上,总经理再次来到工厂,他看到夜班工人已经把那个"5"字擦掉,重新写上了一个大大的"6"字。而日班工人接班的时候当然看到了很大的"6"字,他们毫不示弱,抓紧时间干活。当天晚上下班的时候,他们在地板上留下了具有示威性的特大数字"9"。于是,情况逐渐有所好转,而工厂的产量也大幅度提高。

如果领导希望员工能够圆满地完成工作,那么就要使员工之间形成良性的竞争,有了竞争,才会激发他们超越自我的欲望,才有可能超额完成任务。对于每个人来说,最大的竞争对手不是他人,而是自己。他人的存在不过是为了激发自己内在的潜能。所以,领导在工作中要善于激发员工的竞争心,使他们能够有勇气战胜自己。

有位厂长给了一位因纪律松懈而被罚得无钱过年的工人一百元钱,这位工人不愿接受领导的"施舍"。厂长立即大声责骂:"你以为这是给你的吗?你还不配!堂堂五尺男儿,竟然无钱让老婆孩子过个好年,你算得上男子汉吗?把钱拿回去,告诉弟媳,就说我给孩子扯件新衣,给弟媳买点年货。"这位工人在厂长的怒骂下,觉得无地自容,开始号啕大哭。于是在新的一年里，这位工人严守厂纪，埋头苦干，终于成为生产标兵。

厂长无疑是"责之深、爱之切"，但是他心里明白，面对这样不思进取的员工，只有直接贬低他的价值，才能激发他的斗志，从而积极投入到工作中去。

卡耐基认为，每个人都有自尊心，有时候会因为受到打击而出现自卑、气馁等现象。这个时候，你直截了当地给他以贬低、羞辱，刺痛之，激怒之，"冷水"浇头，就能使他精神一振，从压抑的状态中解脱出来，精神面貌焕然一新。

1.激发对方的好胜心

好胜心与挑战是每个人的天性。在日常交际中，只要我们善于激励，对方就一定会以最大的热情去做，并做好他们本来以为没能力去做的事情，这就是激发出了他们的正能量。实际上，一位成功的领导者应该善于激发下属自我超越的欲望，因为这确实是使员工振奋精神、接受挑战最为可行的办法。

2.激将法可以激发出更大的正能量

三国时期的诸葛亮就十分善于运用激将法：在马超率兵来犯时，张飞请令出战，诸葛亮却故意说："马超家世代簪缨，马超勇猛无比，在渭水把曹操杀得大败，看来只有调回关羽才行。"这一下激怒了张飞，他立下军令状，出战马超，最终使马超投降。张飞本就是一员猛将，但自傲的情绪有可能会影响他能力的发挥，而诸葛亮的激将法起了重要的作用，使张飞在愤怒之下迸发出更大的能量，最终打败马超，使之投降。

"润物细无声",用间接的方式告诉对方

卡耐基说:我们经常会遇到这样的情况,当我们想给别人一些建议或者忠告的时候,总是为用什么样的方法而冥思苦想。如果我们直言相告,会担心伤了对方的自尊心,而且我们的意见也不容易被接受。这时候,就应该用间接的方式告诉他,既让他察觉不出来这个思想是你的,又让他能接受。"润物细无声"是指在对方不知情的情况下,用自己的思想影响着他的思想。其实,当对方轻松地接受我们的建议时,无形中也就增加了我们自身的正能量。

莱芬维尔是著名的管理工程师。有一次,他想说服一个部门的负责人更换一种新式指数表,而这个负责人刚愎自用,他拒绝在自己的部门做任何改变。

于是,莱芬维尔夹着一个新式的指数表,手里拿着一些文件去征求他的意见。当他们在讨论文件的内容时,莱芬维尔不断地把指数表从左腋换到右腋,如此反复。终于,负责人问莱芬维尔:"你夹着什么东西?"

莱芬维尔随意地说:"哦,是这个吗?这只是个指数表而

已。""我看看行吗?"那位负责人问道。

莱芬维尔假装要走,对他说:"你不会看这玩意儿的,这是专用于其他部门的,你们用不着。"

"但我确实想看看。"

于是,莱芬维尔故意装作很勉强的样子,给他看那个指数表。在那位负责人仔细看那个指数表时,莱芬维尔随意却又十分详尽地向他介绍了它的功用。

终于,负责人大喊一句:"谁说我们用不着?见鬼!我找这东西可找了好长时间了!"

莱芬维尔故意掩盖了自己的真实意图,巧妙地使那位刚愎自用的负责人接受了自己的意见。如果他一开始就把新式指数表介绍给负责人,以负责人的自尊心,一定会拒绝。所以他在谈话中,巧妙地激起对方的好奇心,让负责人以为自己作出了使用指数表的决策。聪明的人经常愿意牺牲自己可以得到的名声,而使自己的主意能够执行下去。

卡耐基认为,人与人之间的关系应该是和谐而融洽的,也就是说,在交际中我们所传递的应该是正能量。比如,他曾从朋友那里听说,杨欧文先生从来不向任何一个人说直接命令的话,他的措辞始终是建议,如"你不妨考虑一下?""你认为那个有效吗?"因为在给对方提建议的时候,总是以征询的口吻，所以从未伤及对方的自尊，这样的方法也容易博得对方的好感，使对方不会有任何拒绝或反抗。

1.不会伤害对方的自尊心

在向别人提出正确的建议时，如果你怕遭遇拒绝，又怕伤了对方的自尊心，那么不妨试试巧妙地向他灌输你的思想。可能一次无意的闲聊，就会让他不经意间受到你思想的影响，从而轻易地接纳了你的建议，并对你充满感激。

2.巧妙地把自己的想法灌输给对方

巧妙地向他人灌输思想，是一个绝佳的办法。把自己的意见藏入平常的谈话中，让对方不知不觉地受到启发，并渐渐地接受它。这样不但很好地维护了对方的自尊心，又能使自己的建议、忠告得到采纳。古往今来，很多大臣或者下属都是采用这样的方法，向自己的上级提出建议，以达到"谏而不谏"的目的。

意外的赞美，巧妙改变对方的意志

卡耐基说："人们会时常想到那个真实的理由，而我们都是自己内心的理想家，较喜欢想好听的动机。所以要改变一个人的意志，需要激发他高尚的动机。"对此，卡耐基认为，意外的赞美可以适时改变对方。在物欲横流、人际关系复杂而浮躁的今天，精神的慰藉成了人们心里无限的渴望。许多人不经意对他人流露赞许的情感，让美好的言辞硬生生地压抑在内心深处，人类情感的交流也就渐渐地走向荒漠化。人与人之间的肯定和赞许，在很大程度上能架起心与心相通的桥梁。人们之间的相互赞美可成为人际关系趋向友好和改善的润滑剂。学会赞美别人，必定能够融化人心之间寒冷的坚冰，必定能洞穿心灵间的隔阂。意外的赞美常常会使人喜悦倍增，拉近彼此之间的距离，从而能够更为有效地传递正能量。

某服装店员每个月业绩都独占鳌头，她的同事百思不得其解，于是不时细细观察她上班时的一言一行。不一会儿就有一个很胖的妇女来了，她在店里挑中了合适的款式，店员便从衣橱里取出小一号尺寸的衣服。那位妇女当然知道自己穿几号衣服,她对店员说:"不行,我是穿大一号的。"此时,这位店员惊讶地说:"啊!真的吗?可是我一点都看不出来呀!"店员的同事们知道她业绩为什么那么高了,因为不时对顾客送上赞美之词,这样不但使顾客心花怒放,也使自己的销售业绩蒸蒸日上。

这位服装店员懂得适时地赞美顾客,让其心情愉快,而顾客心情愉快了,在购物的过程中就不会有太多的计较,这样店员就能轻松地拿下这单生意。以此类推,店里的服装也就容易在轻松的气氛中售出,那位店员的业绩很高也成了理所当然。就连在生活中不经意的一句赞美都能收到这么大的成效,更何况是人与人之间的交往呢!人总是喜欢被赞美的,即使明知对方讲的是奉承话,但心里还是免不了会沾沾自喜。学会在交际中,恰当地赞美他人,做事就会顺风顺水。

卡耐基认为,在潜意识里,我们都渴望别人的关注,渴望别人的赞美,这是每个人都会有的渴望。由此及彼,别人也渴望我们的赞美。所以,学会赞美别人往往会成为你为人处世的法宝。或许他不会因为我们的一句赞美而彻夜难眠,但是他会为之喜悦,也会对我们充满感激。一句在他意料之外的赞美之词,会让他兴高采烈,这个时候你再拜托他帮一个小忙,我想他是十分乐意为你效劳的。

1.赞美对方得意的事情

每个人对于自己得意、骄傲的事情总是很热衷，他们更希望自己得意的事情得到别人的肯定与赞美。因此，在聊到一些话题时，如果你发现对方总是骄傲地谈到某些事情，不妨顺势赞美。比如一位母亲总是拿着女儿的照片给你看，那证明她对有这样的女儿感到骄傲，这时你可以说"这是你孩子啊，我以前只见过你这样的大美女，没见过小美女，瞧你这孩子，长得多好，眼睛多大，还是双眼皮耶！"想想，这位母亲听了该有多高兴啊！

2.赞美对方感兴趣的事情

每个人都有自己感兴趣的事情，有的人喜欢画画，有的人喜欢练字，或许水平并不高，但就是喜欢。所以在言谈中，不妨将对方感兴趣的事情引入话题中，多多谈论，顺势赞美几句，对方心里一定会乐开了花。

永远不要与人争论

卡耐基先生以自己的亲身经历告诉大家：永远不要与人争论。

当时我是赫赫有名的史密斯爵士的私人助理，在"二战"结束后不久的一个晚上，我参加一个专门为史密斯爵士准备的欢迎宴会。在宴会开始后不久，一位坐在我旁边的人讲述了一个有趣的故事，他在讲的过程中，提到这样一句话："人类可以变得无比的粗俗，但那位神始终都是我们的目的。"或许是为了展现自己的博学，也许是为了增强语言说服力，这位人十分自信地对大家说："这句话出自《圣经》。"

我听了觉得很可笑，这个人明显犯了一个低级的错误。谁都知道，这句话根本不是出自《圣经》。当时的我并不太成熟，为了使自己看起来比他更博学，我打算指出对方的错误。我说："这句话出自威廉·莎士比亚的著作，而并不是你所认为的《圣经》。"结果此话一出，那个人有些生气，他坚持自己的观点："你说什么？你说这句话出自莎士比亚的著作？真是可笑，这句话绝对是出自《圣经》。"结果，我与那位固执的先生争论了起来。

两个人争论了很长时间，谁也不认输。这时我看到自己的老朋友加蒙坐在一旁，这位朋友可是研究莎士比亚的专家呢。我感到一丝窃喜，于是我建议请加蒙来做裁判，来证明一下到底谁是正确的。但是令我万万没有想到的是，加蒙先生偷偷地用脚踢了我一下，然后说："戴尔，非常遗憾，这次你错了，这位先生是对的，这句话绝对是出自《圣经》。"听到这样的话，我感到不解，同时也觉得很难过，明明自己是对的，为什么加蒙反而说我错了呢？

回家路上，我忍不住问："加蒙，你是知道的，这句话就是出自莎士比亚。"加蒙点点头："确实，你没有错，但我们只是客人，为什么你非要证明他是错的呢？如果停止争论，保住对方的面子，反而会让对方喜欢你，何乐而不为呢？"

我们应该把"永远避免正面冲突"这句话记在心里，或许当我们与别人争论不休的时候不会有人在我们旁边说这样一句话。但是，我们应该承认的是，我们的自尊心、虚荣心和优越感使自己根本听不进这句话，因为你想要通过争论来证明自己。然而，争论不休的后果只会是这样：不会有任何结果；只能使对方更加坚定自己的看法；你永远是失败者，因为你什么也得不到。

曾经我是一个执拗的辩论者，年轻的时候，热衷于参加各种辩论活动。成年以后，我也十分热衷于研究辩论术，甚至还曾计划写一本有关辩论的书。但是，在我从事了数千次的辩论之后，我得到了一个结论：避免辩论是获得最大辩论利益的唯一方法。

我总结了一些方法，或许对我们不再去争论不休提供一些参考：我们完全可以先让自己保持沉默；你应该学会容忍别人所犯下的错误；当别人指责你的错误时，你应该欣然接受；你可有考虑运用改变题目的方法避免争论。

第四章

获得认同，掌握简单实用的说服技巧

给予美誉，让对方保持下去

卡耐基说："包括富人、穷人、乞丐、盗贼，几乎每一个人都愿意竭尽其所能，保持别人赠予他的'诚实'的美誉。"对此，他引用了"星星监狱"狱长洛丝的一句话："如果你必须去对付一个盗贼、骗子，只有一个办法可以制服他，那就是待他如同一个诚实、体面的绅士一样，假设他是位规规矩矩的正人君子，他会感到受宠若惊，会很骄傲地认为有人信任他。"这样的话确实太对了。有时候，我们对他人的称赞或许只是客套之词，但在别人听来，却是很高的美誉。为了这个美誉。他会克制自己的缺点和欲望，尽力去保全它。

伍特将军是一位很受人欢迎的将军，有人问他手下的一个参谋："伍特将军为何会如此受士兵们拥戴呢？"

参谋回答："我可以告诉你，那是因为，就算你站在最后一排，他也会认为你在部队里是不可缺少的。"

有一次，当伍特将军的汽车驶来之时，他的一位士兵正与他的女友并肩漫步，他没有向长官敬礼，并假装没有看见而蹲下去系鞋带，显然他对自己的长官失礼了。

伍特看见这位士兵，便停了下来，把他叫到面前说："你看见我了吗？"

那士兵尴尬地小声说："看见了，长官。"

将军接着说："为了不向我敬礼，你故意装作系鞋带的样子，是不是？"

士兵只好承认。

伍特将军说："现在，我要告诉你，如果我是你的话，一定会对我的女友说：'等下，看我怎么让这个老头儿给我敬个礼！'知道吗？"

那士兵敬了一个礼，尴尬地说："是的，长官。"伍特将军极其严肃地回礼之后，就驱车前行了。

伍特将军没有严厉地责备这个懒散而愚蠢的士兵，他有着自己独特的带兵方法。为了让这个尚不成气的野小子懂得当兵的荣耀，伍特将军用了一个许多人都不太注重的方法。伍特让士兵把自己当成笑柄，清楚地告诉士兵，为了让自己这"老头儿"给他回礼，他可以先敬个礼。与任何大人物一样，伍特成功地让他的士兵欢迎他，因为他能让士兵感觉自己是很重要的。伍特将军懂得，如果你想让一个人对你有敬仰之情，那么你首先就应该给予对方美誉，这样他才愿意被你指挥，尽心地为你效力。

卡耐基特别欣赏这样一句古语:"如果不给一只狗取个好听的名字,不如把它勒死算了。"同时他还列举到,利士纳当时需要在法国的士兵听从自己的指挥时也用到了相同的方法。当时,一位最受人们欢迎的美国将军——哈巴德将军,告诉利士纳:"在我看来,美国的两百万美国兵,是我所接触过的最合乎理想、最整洁的队伍。"对此,利士纳是这样理解的:"我从未忘记把哈巴德将军所说的话告诉士兵们,我并没有怀疑这话的真实性,即使并不真实,那些士兵们知道哈巴德将军的意见后,也会努力去达到那个水准的。"

在日常交际中,任何一个人都希望听到好话,而假如你的话听起来是那么的合乎情理而又直击心灵,他就愿意成为你用美言所描述的那个人。也就是说,当我们赠予对方以美名或美誉的时候,对方就会因内心得到满足而去保全这个美名或美誉。自然,在这个过程中我们所传递的就是积极向上的正能量。

1.给对方一个迷惑的头衔

人们都知道当面赞美一个人,能让他心情愉快,那如果是公开地赞美呢?很多事实表明,公开赞美他人的功效更大。头衔是最能迷惑人的一种公开的赞美方式。头衔的公开性让公众一眼就能分出谁是比较特殊的,谁的能力是超群的。授予人头衔，会让他觉得自己能在众多的同类中脱颖而出，是十分值得骄傲和自豪的事，会显得与众不同。人都是有虚荣心的，而头衔正是迎合了人们的这一心理，唤起了人们无上的荣耀感，满足了人们出人头地的虚荣心。古今中外，许多领导都通过授予人们这样或那样的头衔，笼络人心、激励人心，赢得了人们的忠诚，最终赢得了胜利。

2.向对方表示敬佩

克兰说："只要你能让一个人敬仰你，而你也表示十分钦佩他的某些才能，你就可以轻而易举地指挥他。"当你向对方表示你对他很钦佩时，你已经肯定了他的能力，并且发自内心地赞美了他。在某种程度上，恰是你对他的钦佩增强了他的自信心和自尊心。一个人的价值得到肯定，那是何等荣耀的事情，他会如同春风拂面，阳光普照。而他的满腔欢喜也会化为对你无限的感激，并且甘心为你效力。

指责别人之前，先静思己过

人非圣贤，孰能无过。宽容地对待犯错之人，在自我反思中不断成长，是卡耐基先生结合自身经历，对人际交往的又一领悟。

我有个侄女叫约瑟芬·卡耐基。她22岁时就已经是十分干练的秘书了。她19岁刚从高中毕业时没什么做事的经验，我安排她来担任我的秘书。那个时候的她十分脆弱敏感。有一次，因为工作没做到位，我准备责备她，但在开口之前，我做了一番思考："等等，戴尔·卡耐基，你自己算一下，你的年纪都有约瑟芬的两倍了，你肯定比她更成熟、做事更有经验，你怎么能要求她跟你有一样的看法、判断力和主动的精神呢？当然，你自己也并不出色，你再回过头来想想，你自己在19岁的时候又是怎样呢？你还记得你曾经像一头蠢驴一样犯的错误吗？"

当我想到这里的时候，我不得不下一个结论——约瑟芬比我19岁的时候要优秀得多。想到这里，我更加惭愧了，因为我从来没有夸赞过我这个已经十分优秀的侄女。

于是，从那次以后，每当约瑟芬犯错时，我都这样告诉她:"约瑟芬,我必须要说,你犯了一个错误,因为如果我不承认的话老天也会知道。但我在年轻的时候也常常如此,要知道,出色敏捷的判断力并非生来就有,需要在工作中积累。更何况,当我还在你这个年纪的时候,我还不如你呢。我根本没有资格去批评任何人,但是从我的经验来看,如果你这样做的话,不是更好吗?"让任何人听别人数落自己的过失都很难,但是如果对方谦逊地承认自己也并非完美的话,我们似乎再接受起来会容易得多。

迪利斯通是加拿大的一位工程师。在工作中,他发现自己的秘书经常将那些口授的信件拼错字,差不多每一页纸上都能找到两三个错字,那么,怎样才能让秘书改正这一错误呢?

迪利斯通后来在谈到此事时说:"可能不少人以为我和其他的工程师一样,英文或拼写能力并不是很好。这几年来,在工作中,我逐渐养成了一个习惯,那就是随身会携带一个小的笔记本,只要发现自己的某个拼写错误,我就记下来。我的秘书是个马虎的人,虽然我已经好几次指出他的错误,但他似乎根本没听进去,也丝毫没有想改正的意思。所以,我决定还是改变一下方式。后来有一次,我又发现了他拼写错误,于是,我坐到打字机旁,然后说:'这个字好像不对,我之前也常把这个字拼错,幸亏我随身携带了这个小笔记本。哦,你看,这个字就在这儿。现在，我很在意自己的拼写，如果不注意的话，就有可能成为别人批评我们不专业的理由。'我不知道他后来有没有运用我的方法来改正拼写错误，但我可以肯定的是，我的话对他起到作用了。后来，他很少再拼错字了。"

承认一个人本身的错误，即便现在你还没有改正过来，也可以帮助你改善行为。下面我说的是克莱伦斯·泽休森讲述的故事。

克莱伦斯·泽休森最近发现他15岁的儿子好像在抽烟，他这样说："我当然不愿意我们的儿子抽烟，他还小，会影响身体。不过这都是我们的错，我和他妈妈都抽烟，这给大卫做了不好的榜样。我向大卫解释，我在年轻的时候也是慢慢学会抽烟的，确实被烟瘾所害，经常在夜里咳嗽，但是现在已经无法戒掉了。我提醒他，假如他不及时停止的话，以后可能也会跟我一样。

"在劝大卫的时候，我并没有直接勒令他不许抽烟，也没有直接告诫他抽烟的危险，我只是说出了我自己的经历——如何染上烟瘾和被烟瘾所害的。

"在我说完那些话后，大卫沉思了一会儿，然后告诉我他决定在高中毕业之前都绝不抽烟。当然，后来又过了几年，他一直没抽烟，也没有再抽烟的意思。而我在那次和儿子的交谈后也决定戒烟,并且,在家人的帮助下,我真的做到了。"

所以,如果你想说服他人的话,那么,你要掌握这一原则:在指责别人做错什么之前,先想想自己的错误。分享自己的错事能让对方感受到你对他的关心和真诚,而不是疏离和高人一等。这时的游说方可直抵对方内心,起到作用。

提问的方式好过命令的态度

有一次，因为机缘巧合，卡耐基与资深传记作家伊达·塔贝尔共进晚餐。席间，卡耐基谈及了他现在正在写的这本书，于是他们便讨论起了如何与人相处这个话题。她告诉卡耐基一件事：当她在写《欧文·杨传》的时候，曾访问了一位与杨先生共事三年的人。这位先生告诉她，他们在一起工作那么久，从来没有听过杨先生指使别人，也不命令，只是建议。比如，欧文·杨不会说："你去做这个，去做那个"或者"别这样做，别那样做。"而是说："你可以考虑一下这样"或者"你觉得那样有用吗"。当助手把写好的文件交给他时，他会说："也许你这样写更妥当些。"他从不指使助手做什么，而是让他们自己去做，让他们自己认识到错误，并从错误中学习。

这种办法能让一个人保持个人尊严，给他一种自重感，同时还能让他认识到自己的错误。最重要的是，他会愿意与你合作，而不是背叛。宾州的一位教师丹·桑塔雷利说过一个有着异曲同工之妙的故事：

有一天，一位老师在来到学校后发现有学生把车停在了错误的地方，挡住了别人的路。于是，他气势汹汹地冲进教室喊："是谁的车子停在了通道口？马上把你的车子从那里挪开，不然我就叫拖车了。"

这名学生确实是犯了错，车子确实停在了不该停的地方，但是，因为老师的严厉批评，这位学生对老师心存不满，甚至其他的学生也开始经常故意捣乱，让这位老师深感困扰。假如这位老师能用不同的方式处理这件事，结果又如何呢？他可以态度温和地说："谁的车挡住了通道？建议您把车挪开，以方便别人通行。"相信这名学生会十分乐意这么做，而其他学生也不会因此捣乱。

伊安是南非约翰内斯堡一家小工厂的经理，这家工厂主要生产的是一些精密机器零件。

最近，伊安接到一笔订单，有人愿意向他们订购一大批货物，但前提是这家工厂能保证在限定日期内交货。然而，伊安此前把工厂最近的生产任务都已经安排好了，要想临时加进去一项生产任务，还要准时交货，确实有难度。伊安并没有催促工人们赶工，他只是把工人们都召集到一起，把事情的详细情况说了一遍，然后便开始提出问题。

"我们有什么办法可以处理这批订货？"

"有没有人能想出其他办法，让我们在规定时间内赶出这批订货？"

"我们看看能不能找出什么办法调整一下个人的时间或个人分配工作，从而加快生产进度呢？"

听到伊安这么说，员工们都踊跃发言，并坚持接下订单，他们告诉伊安一定能做到，结果他们真的接下订单，并如期交了货。

所以，如果你是一名聪明的领导，并想说服他人，那么，你就要记住：永远不要指使别人，以提问的方式代替命令。

莫逞一时口舌之快

假如有10次辩论，估计有9次辩论结束后，每个争论的人都比参与争论之前更相信自己是正确的。而我们自己，无论辩论的结果如何，我们都失败了。当然，如果你辩论失败，那么，你确实失败了，而如果你得胜了，那么，你还是失败了。为什么这样说呢？假如你将对方的论点驳得体无完肤、毫无再反击的能力，那么你当然会为自己的口才感到高兴。但是他呢？他会觉得自己的自尊受到了伤害，会变得脆弱，然后，他会反对你的胜利，甚至还会报复你。

在一家人寿保险公司，管理人会为他们的推销员制定一个规则——不要辩论。因为他们明白，推销的精髓并不是辩论，也不能看上去像辩论，任何时候，人类的思想都是无法通过辩论改变的。关于这一点，卡耐基深有体会。

很多年前，我的训练班中招收了一位名叫亚哈亚的爱尔兰人。他读书不多，但却十分喜欢争论。他是一名汽车销售员，之所以来这儿参加训练，是因为他花了很长时间都未曾卖出过一辆载重汽车。我问了他销售的经过，明白了这一问题背后的原因是他一直在和自己的准客户争论,冒犯了他们。我想,未来如果还有人想购买他的汽车但却说了几句不中听的话,他肯定还是会恼怒,然后赶紧回击对方。当然,他确实口才不错,也赢过不少争论。后来他对我说:"每次当我离开刚刚争论过的'战场',我都会对自己说:'我又教会那些家伙一些东西了',确实,我告诉了他们一些知识,但我却未曾因此而让他们购买我的任何一点东西。"

我给自己制订了任务,是关于如何训练亚哈亚的,我第一步训练他的不是如何说话,而是保持缄默、避免口头冲突。后来,亚哈亚先生成为纽约汽车公司的销售冠军了。

老富兰克林是个充满智慧的人,他曾说过这样一句话:"假如你与人争论、争强好胜、反对他人,那么,也许你会取得胜利,但这种胜利是空洞的,因为你永远不可能让对方真的从心里佩服你、认同你。"

所以,现在你来想想看,对于以下两种,你宁愿要哪种呢?一种是暂时的、表面化的、语言上的胜利,一种是长期的佩服,当然,这二者几乎无法兼得。

在你与人进行辩论的时候,或许你是对的,甚至你绝对是对的,但从改变对方思想的角度来说,你不会有什么成果,这就好像你错了一样。

所以，我要说的是，我们与人交谈，无论对方的智力如何，我们都不可能对任何人通过口头争执的方法来改变他们的思想。

巴森士是一位所得税顾问，一次，他因为一张9 000元的账单与另外一位政府税收稽查员争论了长达一个小时。

巴森士称这明明是一笔呆账，是不可能收回来的，当然不必再缴税。而稽查员则反对说："简直是胡说，怎么是呆账？无论如何都必须纳税。"

巴森士后来在训练班中提到此事，对我说："这位稽查员就是个冷淡、傲慢、固执的家伙，无论我说什么理论依据，对他来说，都根本不起作用。我发现，我跟他争论简直是浪费时间，我越是和他辩论，他越是固执，所以我决定不再跟他争，我要改变想法，先对他赞扬一番。

"接下来，我对他说：'我想这件事与你必须要作出的决定相比，应该是不值一提的。我也曾研读过税收问题，不过我只是从书本中学习，而你得到的知识却是从经验中获得的。我也希望自己能像你那样，因为那样我能学习到很多。'当然，我在说这些话的时候，全是出自真心的。

"在我说完这番话后，那位稽查员挺直了身子，把背往后靠了靠，说了很多关于他这些年工作的事，然后还告诉我很多商家巧妙舞弊的方法。我发现，他说话的口气友善多了。接下来，他又说到他的孩子。我们聊了很长时间，当他离开的时候，他说会再考虑我说的问题，会在几天后给我答案。

"天之后，他来了我的办公室，并对我说，他已经决定按照我原来的意见填报税务项目。"

这位税收稽查员所表现出来的正是所有普通人身上都会表现出来的特点，即渴望被重视。巴森士越是和他争论，他的这种自重感越是强烈，他就越想扩大自己的权力。而一旦巴森士承认了他的重要，他也就停止了争论。因为此时，他的自尊心得到了满足，他立即转变了态度，变得友好和善起来。

拿破仑的管家曾写过一本书——《拿破仑私生活的回忆》。这位管家常与约瑟芬打台球，他在这本书的第一卷第71页中说："虽然我认为自己的台球技艺不错，但是还是努力让她赢我，因为这样会让她十分开心。这虽然是一个很小的故事，但却告诉我们非常实用的道理，我们在与我们的丈夫、妻子、情人或者顾客交往时，也要想方设法让他们胜过我们。"

释迦牟尼曾说："恨不止恨，爱能止恨"。误会永远不能靠争辩来结束，而需要用手段、外交、和解来对待对方观点，以使对方产生同情的欲望。

一次，林肯惩罚了他的一位青年军官，因为他与一位同僚起了争执。林肯对他说:"任何一个希望获得成功的人,都不要把时间浪费在个人的成见上,展示自己也不要太过分。与其同一只狗争路权而被狗咬,还不如把路让给狗。因为即使你杀了那只狗,你那被咬的伤口还是无法恢复如初。"

所以,我们若想让他人信服我们,就必须记住:避免与人辩论。

第五章

保持积极正向的沟通心态，在平凡中寻找乐趣

自信，是一股强大的正能量

　　自信，从来都是一股强大的正能量，而生活中的每一个人都需要这样一种正能量。卡耐基认为，世界上没有两个完全相同的人，每个人都是一个独立的个体。在我们身上有许多与众不同，甚至优于别人的地方，这就是我们值得骄傲的地方。我们没有理由总是欣赏别人，而忽略了自己的优点；没有理由一味地比较，而最终失去了自我。有人说："生活中并不是缺少美，而是缺少发现美的眼睛。"认同自己，学会欣赏自己，你就会发现一个全新的自己。尼采曾这样说："聪明的人只要能认识自己，便什么也不会失去。"只有学会欣赏自己，才充满自信，并从自信中获得快乐，在生活中勇往直前。

　　克里斯托·莱伊恩是一位建筑设计师，幸运的他被邀请负责温泽市政府大厅的设计，克里斯托·莱伊恩根据自己的经验，运用工程力学，巧妙地设计了只用一根柱子支撑大厅天顶的预案。一年过去了，当市政府请权威人士来验收工程的时候，却对克里斯托·莱伊恩设计的一根支柱方案提出了异议，他们认为用一根柱子支撑天花板太危险了，要求克里斯托·莱伊恩再增加几根柱子。克里斯托·莱伊恩十分自信地说:"只要用一根柱子便足以保证大厅的稳固。"他完全相信自己的计算和经验,拒绝了工程验收专家的建议。不过,克里斯托·莱伊恩的固执惹恼了市政府官员,并差点因此被送上法庭。在这种情况下,克里斯托·莱伊恩只好在大厅周围增加了4根柱子,不过这4根柱子全部没有挨着天花板,而是与天花板相隔了两毫米。

300年过去了,温泽市的市政官员换了一批又一批,但是,市政府大厅依然坚固如初。一直到20世纪后期,当市政府准备修缮大厅的时候,这个秘密才被发现。消息一传出便轰动了世界,各国著名的建筑师都慕名而来,欣赏这座神奇的建筑。他们看到了在大厅中央圆柱顶端写着的一行字:"自信和真理只需要一根支柱。"克里斯托·莱伊恩这位伟大的设计师当初留下了这样一句话:"我很自信,至少100年后,当你们面对这根柱子的时候,只能哑口无言,甚至瞠目结舌。我要说明的是,你们看到的不是什么奇迹,而是我对自信的一点坚持。"

即使自己的设计遭到了质疑,克里斯托·莱伊恩依然坚信自己的判断是正确的,他从来都不怀疑自己设计的正确性,而且努力、大胆地证明了自己。时间是不会偏颇任何一个人的,而也正是时间证明了克里斯托·莱伊恩的自信与真理。有的人其实已经触碰了真理,却因此怀疑自己,最终错过了成功的机会。在生活中,我们要学会相信自己,因为自己就是最好的。

小泽征尔是世界著名的交响乐指挥家,在还没有出名之前,他曾参加了一次指挥家大赛。在决赛中,他按照评委会给出的乐谱指挥乐队演奏,但在指挥的过程中,小泽征尔敏锐地发现了不和谐的音符。刚开始,他以为是乐队的演奏出现了错误,于是停下来重新指挥,结果还是出现了不和谐的声音。他当即指出:"我觉得乐谱有问题。"这时,所有在场的作曲家和评委会的权威人士都坚定地说:"乐谱绝对没有问题。"面对着权威人士的质疑,小泽征尔涨红了脸,但还是斩钉截铁地大声说:

"不!一定是乐谱错了!"话音刚落,评委全部站了起来,对他报以热烈的掌声,祝贺他获得冠军。原来,乐谱不过是评委们精心设计的一个"圈套",而小泽征尔却以坚定地认同自己而获得了最后的成功。

我们每个人都具有独一无二的价值,没有任何人能够取代我们,也没有任何人能够贬低我们,除非我们首先看轻了自己。有人总是叹息自己工作不如别人,外貌不够出众,才能不被老板所赏识。其实在生活中,我们没必要去太在乎别人的看法,学会欣赏自己或许能够重新找回自信。

卡耐基说:"学会欣赏自己,因为这是一种心态正能量。"当我们学会欣赏自己,就是在给自己的内心补充源源不断的正能量。在生活中，彼此之间互相比较是不可避免的，但是我们需要知道，自己既有缺点更有优点。因此，在欣赏别人的同时一定不要忽略了自己。欣赏自己是一种智慧，它会令你浑身上下散发出自信的魅力；欣赏自己是一种心理暗示，当你把自己想象成什么样，你就真的会成为什么样。认同自己，学会欣赏自己，活出自己的价值，眺望远处的风景，准确把握自己的坐标，这才是人生的魅力所在！

1. 相信自己是最好的

"金无足赤，人无完人"。每个人都不可避免地会有一些缺陷或者伤痛，但是这个世界上没有完全相同的叶子，我们都是最特别的那一个。摒弃对他人的膜拜以及对自己的叹息，冷静地思考，你会发现自己身上有着许多他人没有的优点。别人能力出众，又有什么值得羡慕的？相信自己，因为自己就是最好的。

2. 不要怀疑自己

一个人如果总是不断地怀疑自己，就说明他缺乏自信。缺乏自信的人，甚至畏惧相信自己的想法和判断；缺乏自信的人，他们想办法证明自己是错误的，而不会证明自己是正确的，因为他们内心畏惧出错。怀疑自己，只会成为我们成功之路的障碍，只会使我们放慢前进的步伐。所以，多一份自信，相信自己，千万不要怀疑自己，同时鼓起勇气去证明自己。

逆境，使人生变得多姿多彩

卡耐基认为，人生因在逆境风雨中的历练而变得多姿多彩，也许我们并不欢迎逆境、磨难的到来，但是当它们与我们不期而遇的时候，请不要回避。因为只有在逆境之中，我们才会积聚全身的力量。逆境就好似一个魔鬼，一旦遇上你，就会对你穷追猛打，不舍不弃。而那些躲避甚至逃跑的人，只会被他欺负得更加悲惨。如果你想成大事，那么就必须经得起逆境风雨的洗礼，经得起失败的打击。成功需要风雨的洗礼，而一个有追求、有抱负的人，总是会视挫折为动力。所谓"能受天磨真铁汉，不遭人嫉是庸才"。卡耐基说："逆境，对于天才来说是一块成功的跳板，对于强者来说是一笔宝贵的财富。"

格哈德·施罗德出生在一个工人家庭，小时候，父亲在战争中牺牲，施罗德兄妹五人与母亲相依为命。有一段时间，他们住在一个临时搭建的收容所里，尽管母亲每天工作长达14个小时，但仍然不能负担家里的开支。年仅6岁的施罗德总是安慰母亲："别着急，妈妈，总有一天我会开着奔驰来接你的。"

长大后的施罗德进了一家瓷器店当学徒，后来又在一家零售店当学徒。1963年施罗德加入了民主党。在之后的10年里,他读完了夜校和中学,后来到格丁根通过上夜大来攻读法律。大学毕业后,他获得了律师资格,成为一名律师。

不久之后,他当选为社民党格廷根地区青年社会主义者联合会主席。在此后的日子里,施罗德一直活跃于德国政坛,46岁那年,施罗德再次竞选成功,成为萨克森州州长。就是在这一年,施罗德实现了儿时的愿望,开着银灰色奔驰轿车将母亲接走了。也许,正是儿时的苦难记忆让施罗德在人生的道路上丝毫不敢懈怠。8年之后,施罗德一举击败连续执政16年之久的科尔,当选为德国新总理。

童年时期的施罗德曾在杂货铺里当学徒,那时他常说的一句话是:"我一定要从这里走出去!"他终于成功了,而且比自己想象中走得更远。即使在成功的路上伴随困难与逆境,施罗德也从来没有把逆境当成一回事,而是善于从逆境中获取自己想得到的礼物。儿时的记忆让他明白:自己必须牢牢抓住隐藏在困难中的机遇,不断地前行。或许,那隐藏在逆境中的机遇,就是上天给予施罗德的礼物。

卡耐基曾讲述了这样一个故事:

卡莉·费奥瑞娜从斯坦福大学法学院毕业以后,她所做的第一份工作是一家地产公司的电话接线员。费奥瑞娜每天的工作就是打字、复印、收发文件、整理文件等杂活，父母与亲戚对费奥瑞娜的工作感到不满意，认为一个斯坦福大学的毕业生不应该做这些杂活。但是，费奥瑞娜却没有任何怨言，而是继续努力工作，努力学习。

有一天，公司经理向费奥瑞娜问道："你能否帮忙写点文稿？"卡莉·费奥瑞娜点了点头，凭着这次撰写文稿的机会，她展露了自己卓越的才华。在以后的日子里，卡莉·费奥瑞娜不断向前发展，直至成为惠普公司的首席执行官。

在能量守恒定律之中，负能量与正能量是相对的。当负能量爆发出来的时候，正能量也会随之而来。在负能量的压制之下，正能量就好像是海绵里的水，被不断地挤压出来。但正是这样的能量支撑着我们走过满地荆棘，走过逆境，最后拥抱成功。

1.忍受逆境带来的磨难

任何一个人在成长的过程中，都注定将经历不同的苦难、荆棘，那些被困难、挫折击倒的人，他们不得不忍受生活的平庸；而那些战胜苦难、挫折的人，他们能够突出重围，赢得成功。逆境所带给我们的礼物远比它本身有意义。当然，获取礼物的前提条件是你必须坚持下去；否则，你只会永远被归到平庸者之列。

2.逆境之中,积聚正能量走向成功

戈尔曾说:"自古以来的伟人,大多是抱着不屈不挠的精神,从逆境中挣扎奋斗过来的。"生活中,人们听到"逆境""挫折"这样的词儿总是紧皱眉头,郁郁不得志。在他们看来,逆境就意味着绝路,或许自己再也没有翻身的那一天了。但事实并不是这样,多少成大事者都是从逆境的风雨中走过来,才获得了巨大的成功。

也许你会问,同样是逆境,怎么会出现这样大的差别呢?那是因为,在逆境的风雨中,那些坚持下来的人,往往会收获一份意想不到的礼物,或是乐观的心态,或是顽强的斗志,或是困难中的机遇。正是这些逆境中获得的经验与教训,铸就了他们最后的成功。

不幸，必须要改变自己的心

卡耐基说："处于不幸中，垂头丧气显然于事无补，我们要做的，除了坦然面对之外，只有改变自己的心。"内心不败，人就不会败。当生活的不幸来临的时候，积极的心态是一个人战胜一切艰难困苦，走向成功的助推器。积极的心态，能激发人们自身所有的正能量和聪明才智；而消极的心态，就好似蜘蛛网缠住昆虫的翅膀一样，不断地束缚人们施展才华。在不幸面前，有的人越过越好，而有的人却从此一蹶不振。其实，这两者的区别就在于心态的差异：前者所拥有的是积极的心态，而后者却总是呈现出消极的心态。当然，心态可以调整，拥有积极心态的人往往会处于不败之中。

积极的心态能使人看到希望，保持进取的旺盛斗志，激发出全身的正能量。消极的心态则使人失望、沮丧，限制和扼杀自己的潜能，带来毁灭性的负能量。积极的心态创造人生，消极的心态消耗人生。

这是一个遭遇不幸的家庭，丈夫原来是一家工厂的职工，乖巧懂事的儿子正在读高中。不过，这一切都因为妻子生病而毁掉了。如今，妻子瘫痪在床，生活不能自理。丈夫不得不辞去工厂的工作，在家里陪着妻子。看到这种情况，懂事的儿子要辍学打工，但是父母坚决不同意。

爸爸对儿子说："如果你不念书了，你妈妈会觉得连累了你，心里会很难过。你是咱家最大的希望，现在咱们辛苦点，等你将来考上大学，毕业后找份好工作，咱们不就翻身了吗？再说家里还有我呢？咱们两个都是男人，这个时候都需要坚强起来，没有过不去的火焰山。"儿子最终没有辍学，而且学校得知情况后，免去了他的学费。

但是，一家人总是要吃饭，仅仅靠着政府救济是解决不了问题的。丈夫要照顾妻子，不能出去工作，于是就在家里弄了一个小作坊，利用自己的手艺做些小工艺品，卖给街上的商店，商店再卖给来旅游的游客。后来，妻子也加入其中，夫妻俩在家里一边做工艺品，一边说说笑笑，丝毫看不出生活带给他们的痛苦。

丈夫总是很幸福地对妻子说："我觉得我们很幸福，天天都在一起，同劳动同吃饭，多好。"丈夫还学会了按摩，每天坚持给妻子按摩两个小时。终于妻子的病情大有好转，瘫痪的双腿渐渐有了知觉。

如今，妻子在拐杖的支撑下试着练习走路，尽管很痛苦，但还是每天咬牙坚持练习。她说："尽管医生说过我的双腿不可能恢复了，但我还是想试试看，奇迹不都是人创造出来的吗？我也试试看能不能创造出一个奇迹。"或许看完这个故事，你根本想象不到这是一个遭遇不幸的家庭，他们跟所有幸福的家庭一样，没有什么痛苦。什么是不幸呢？消极的人会给出最好的诠释。但心若不败，人就永远不会败。积极乐观的心态是成功的起点，消极悲观的心态是失败的源泉。

卡耐基认为，在遭遇不幸的时候，选择了积极的心态，就等于选择了成功的希望；选择了消极的心态，就注定了要走入失败的沼泽。如果你想摆脱不幸，就必须摒弃那种扼杀潜能、摧毁希望的消极心态。

1.每一次不幸都是一次成长的经历

西部"牛仔大王"李维斯的西部发迹史充满坎坷，充满传奇。他的制胜"法宝"是：每当受到挫折、遭受打击时，绝不抱怨，并且非常兴奋地对自己说："太棒了！这样的事竟然发生在我的身上，又给了我一次成长的机会。"

2.心不败，一切就都有转机

人生路漫漫，对于我们每个人来说，生活和事业不可能一帆风顺，常常会遇到各种困难和挫折，而我们必须永远怀有乐观的心态，才能战胜逆境，获得成功。面对不幸的事情，只要我们保持乐观积极的心态，一切不幸都将会变成幸运。

冷漠，会让人变得毫无感情

卡耐基表示，冷漠是一种有害无利的负能量，会渐渐地让人变成一台毫无感情的机器，现代人需要摆平心态，学会感恩。现代社会，人们的生活充裕了起来，可是心灵却渐渐变得贫瘠，缺乏一颗感恩的心，冷漠似乎已经替代了久违的温暖。在高楼大厦里，钢筋混凝土的构造预示着一颗颗冰冷的心；邻居之间虽然只隔了一堵墙，但横亘在他们之间的还有冷漠。心怀感恩，我们所传递的就是一份乐观的正能量，当我们把这份感恩传递给别人，我们将收获人世间最珍贵的真情。

卡耐基曾讲述了这样一个故事：

汤姆是一位工程师，虽然拥有体面的工作，但是来自生活的种种磨难，令他感到沮丧。虽然汤姆已经到中年了，但事业还是没有任何起色，因此常常无端地发脾气，怨天尤人。有一天，他对妻子说："这个城市令我很失望，我想离开这里，换个地方。"于是，他毅然决然地搬了家，无论身边的朋友怎么劝，都无法改变他的决定。

汤姆和妻子搬到了另外一个城市，在新的环境里，汤姆每天早出晚归，似乎很享受这样的生活。一个周末的晚上，汤姆和妻子正在整理房间，突然停电了，整个屋子一片漆黑。汤姆后悔自己没有购买一些蜡烛，他无奈地坐在沙发上，又开始抱怨了。这时，传来了轻轻的敲门声，汤姆在陌生的城市并没有熟人，他也不希望自己的生活被人打扰，于是不情愿地起身开门，极不耐烦地说："谁啊？"门口站着一个黑影，问道："你有蜡烛吗？"汤姆气不打一处来，生气地回答："没有！"说完，"嘭"的一声就把门关上了。

回到客厅的汤姆开始向妻子抱怨："真是麻烦，讨厌的邻居，我们刚搬来就来借东西，这样下去怎么得了！"正在他抱怨的时候，又传来了敲门声。汤姆生气地打开门，只见门口站着一个小女孩，手中拿着两根蜡烛，小女孩奶声奶气地说："奶奶说，楼下来了新邻居，可能没有带蜡烛来，要我拿两根给你们。"汤姆一下子愣住了，好不容易才缓过神来，对小女孩说："谢谢你和你奶奶，上帝保佑你们！"拿着两根蜡烛回到了客厅，汤姆瞬间意识到自己失败的根源：对他人太冷漠、太刻薄，不懂得感恩。

由于缺乏一颗感恩的心，汤姆的生活处处碰壁，但他并没有从自己身上找原因，而是怨天尤人。直至遇到了新邻居，汤姆才意识到自己失败的根源：对他人太冷漠、太刻薄，不懂得感恩。与其说是这个社会令你失望,倒不如说是你令这个社会失望,因为我们都是社会的一分子,如果不能融入这个社会,那只能证明自己缺乏一些东西。

冷漠会阻隔人与人之间的心灵交流,可以让一个人的心灵花园变得荒芜;而感恩会构建起人与人之间的心灵桥梁,让荒芜的花园开满鲜花。

有一天,旅行家辛格正穿过喜马拉雅山脉的某个山口,经过了三小时的跋涉,他已筋疲力尽,感觉到又冷又饿,很想坐下来喘口气。但是他不敢,因为一旦坐下去,就有可能永远站不起来,他只有靠不停地走动来保持体温。

突然,他发现雪地上躺着一个昏迷不醒的人,那个人半截身子已经被埋在了雪地里。辛格看见了,顿生恻隐之心,他蹲下来检查,发现那个人还活着,只不过被冻晕了。如果自己能将他带到一个温暖的地方,也许他还有救,辛格问自己:"要不要带走他?"心中传来了一个声音:"别干傻事,辛格!我自身难保,带上他两个人都会送命的!"这似乎很有道理,辛格犹豫了起来。但最后,辛格还是决定帮助那个昏迷的人。

辛格费了很大的劲儿,才把这个昏迷的人抱起来放在自己的背上,他一步一步艰难地往前走着。这个人很重,加之辛格又走在冰天雪地里,所以没走多久,辛格就感觉浑身发热,渐渐地，他的体温让那个被冻僵的人温暖了起来，那个人苏醒过来了。过了一会儿，那个人就能自己走了。旅人万分感激辛格，两人相互扶持终于走出险境，并成为终生挚友。

霍华德·加德纳教授曾说："现代人之间的冷漠与孤独很大程度上要归咎于人们自身，是我们自己选择了这样的结果。"自私与冷漠让人们选择了自己的人生。可是，在感恩的召唤下，自私的心会逐渐被吞噬，冷漠也会慢慢变得温暖。

卡耐基认为，心怀感恩，我们就会想到关心别人、帮助别人，而且能从中收获诸多快乐。在这样一个过程中，既让他人感受到了阳光般的温暖，同时也让自己的心灵花园变得美丽起来。如果一个人总是表现得自私、冷漠，不愿意帮助别人、关心别人，那么，他注定会成为没人关心的可怜虫。

1.放下冷漠，学会感恩

在日常交际中，处处可以看到虚假笑容背后那冰冷的心，他们已经没有时间来关心自己，又怎么可能关心他人呢？人际关系失去了原有的和谐与温馨，取而代之的是冷漠与冰冷。也不知道为什么，这个社会越繁荣，人心却越来越冷淡；物质生活越丰富，精神与心灵却越来越荒芜。其实，在这样一个物欲横流的时代，我们所缺少的是一颗感恩的心。因为有了感恩，人们才能感受到久违的温暖。所以，常怀感恩，让你的冷漠被温暖所代替,让自己重归温情的社会。

2.即便面对伤害自己的人,也要感恩

大街小巷上,常常会响起这样的歌声:"感恩的心,感谢有你,伴我一生,让我有勇气做我自己。感恩的心,感谢命运,花开花落,我一样会珍惜。"其实在生活中,有许多我们应该感谢的人,他们有可能曾经伤害过我们,有可能打击过我们,有可能折磨过我们,也许在当时那一刹那,我们心中是怀着憎恨的,然而时过境迁,回想起来就会发现正是那些打击、伤害、折磨才促进了我们的成长。

微笑,坦然接受命运赐予的磨难

卡耐基认为,当命运给予我们这样或那样的磨难时,我们需要微笑着接受,这样才能积聚全身的正能量。生活因充满各种各样的麻烦才变得多姿多彩。当然,谁都不喜欢生活赐予自己的麻烦,但当它与自己不期而遇的时候,也不要掉头或转向,因为麻烦是一个魔鬼,一旦遇上你,就会对你穷追猛打,不舍不弃。而那些不接受生活赐予麻烦的人,只会被麻烦纠缠得更悲惨。生活中,我们要学会笑纳命运赐予的磨难,缔造不一样的人生。曾经有人说:"成功的人生是痛苦与失败的交织,是磨难与顺利的交替。"如果你害怕生活中会出现麻烦,那你就会永远丧失获得成功的机会。卓越的人生是从卓越的目标开始的,卓越的目标背后必然是充满麻烦的道路。经受了那些麻烦的打搅和坎坷的摔打,我们追求成功的意志才能坚强起来。可以说,历练是人生不可多得的宝贵财富,拥有这笔财富,再多的麻烦问题也能解决。当我们解决了那些麻烦问题之后,方能缔造不一样的人生。

卡耐基曾讲述了这样一个故事:

安妮爱上了英俊潇洒的杰克。他对她来说很重要,安妮确信他就是她的白马王子。

可是一天晚上,他温柔婉转地对她说,他只把她当作普通朋友。安妮以他为中心的梦想世界当下就土崩瓦解了。那天夜里她在卧室里哭泣,觉得记事簿上的"不要紧"三个字看起来荒唐得很。"要紧得很,我爱他,没有他我可不能活"。

翌日早上醒来后她又想到这三个字,但这时,她已经冷静下来了,于是开始分析自己的情况:"到底有多要紧?杰克很要紧,我很要紧,我们的快乐也很要紧;但我会希望和一个不爱我的人结婚吗?"日子一天天过去,她发现没有杰克自己也可以生活,也可以快乐。

几年后,一个更适合她的人真的来了。在兴奋地筹备结婚的时候,安妮把"不要紧"这三个字抛到了九霄云外。她不再需要这三个字了。她的生命中不会再有麻烦与失望。

有一天,丈夫和她得到一个消息:他们用来投资做生意的所有积蓄赔掉了。

安妮感到一阵酸楚,胃扭作一团无比难受。她想起那句"不要紧","这一次可真的是要紧",她心想。

可是就在这个时候,小儿子用力敲打他的积木的声音转移了安妮的注意力。儿子看见母亲看着他,就停止了敲击,对她笑着,那笑容真是无价之宝。安妮望向窗外,两个女儿正在兴高采烈地合力堆沙堡。院子外面,树映衬着无边无际的晴朗碧空。安妮觉得胃顿时舒展,心情恢复平和。她对丈夫说:"都会好转的,损失的只是金钱,其实并不要紧。"

在生活中,总有这样或那样的麻烦出现,这会给我们的心灵带来巨大的压力,许多人会因为这些压力而变得一蹶不振,甚至会失去生活的勇气。其实,许多麻烦并不像我们想象的那么严重,面对这些狂风暴雨,假如我们能够尝试对自己说"不要紧",笑纳那些生活赐予的麻烦,那我们就会缔造出无比灿烂的人生。

卡耐基告诉我们,当生活的麻烦找到我们,我们应该记住,除了接受这些麻烦,努力去解决这些麻烦问题,别无他法;而且,没有人能够帮助你,如果你总是与麻烦较真,希望自己能获得别人的帮助,那这样的想法未免太天真了。其实,每个人都有解决麻烦的能力,只是因为没有接纳麻烦的良好心态,因此才无法缔造绚丽的人生。

1.对自己说"不要紧"

在生活中,我们每时每刻都可能遇到那些麻烦的事情。但千万不要小看那些麻烦,其实那是生活赐予我们的宝贵财富。如果我们固执于此,任自己较真、沉溺在痛苦之中,就只会让自己更加烦恼。不如对自己说:"没关系,不要紧,风雨之后，肯定会有彩虹。"这样想来，那些麻烦还算得了什么呢？

2.不要为生活的琐碎事情较真

相比较人生的挫折，生活中那些麻烦的小事情根本算不了什么。如果我们总是为生活的琐碎事情而较真，那无疑是折磨自己。我们要学会接受生活赐予的麻烦，通过解决这些麻烦问题，领悟生活的真谛，然后缔造斑斓的人生。

畏惧，又怎能打倒困难

卡耐基认为，面对困难，不同的人有不同的感受：敢于冒险、意志坚强的人越是遭受挫折的打击，表现得越坚强；而内心畏惧、怯于冒险的人越是遭受困难的打击，却表现得越怯弱，似乎困难变得更大了。前者在困难的打磨下，正能量会越来越多，而后者则会不断地被负能量所包围。

《哈里·波特》的作者J.K.罗琳在接受哈佛大学荣誉博士学位时说："人们有一个共识，那就是人可以从挫折中变得聪明和更强大，这句话意味着人从此对自己的生存能力有了更好的把握。如果没有经历过苦难的考验，那么你从来都不会真正懂得自己，懂得你处理各种关系的力量有多大。"其实在这种情况下，困难并没有改变，只是我们自己不敢冒险，被眼前的困难吓倒了，才会从主观上夸大困难的程度。所以，我们要敢于去冒险，而不是被眼前的困难吓倒，当你不断地尝试，你就会发现，困难是可以被战胜的。

卡耐基曾讲述过这样一个故事：

瑟曼是一名普通学生，她从小就怕水，因此十分畏惧游泳课。每次，瑟曼看着在水中游泳的朋友们，心里就会涌上一种不舒服的感觉，面对朋友的邀请，瑟曼只能说："我怕水，所以不想下水。"朋友们笑着怂恿："不要因为怕水，你就永远不去游泳……"看着朋友们像海豚一样在水中自由地嬉戏，瑟曼满是羡慕，但是，她觉得自己还是不敢冒险。

一个月后，朋友邀请瑟曼去温泉度假中心，瑟曼终于鼓起勇气下水，她觉得人生是需要冒险的，如果连这点都战胜不了，自己怎么才能成长呢？但是，她还是不敢游到水深的地方。朋友鼓励她："试试看，让自己灭顶，看会不会沉下去。"瑟曼大吃一惊："你说什么？！"内心畏惧的瑟曼摇了摇头。朋友亲自做了一次示范，在朋友的坚持下，瑟曼小试了一下，她发现朋友说得没错，这真是一种奇妙的体验。朋友笑着说："看，你根本不会被淹死，为什么要害怕呢？"

尼采说："当我们勇敢的时候，我们并不如此想，我们一点儿也不认为自己是勇敢的。"有时候，不敢冒险是源于我们总是在不断地逃避问题，那些怯弱而胆小的人通常都是这样的。其实，当我们尝试着大胆迈出第一步，让自己的内心变得强大起来的时候，就会惊讶地发现，再大的困难也不过如此。

在生活中，困难只会对那些内心畏惧的人耀武扬威，因为面对内心越是畏惧的人，挫折会越强大，最终，内心畏惧者在挫折面前只有失败。

1.困难是一条狗

有人说:"困难是一条欺软怕硬的走狗,你越是畏惧它,它就越威吓你;你越不把它放在眼里,它就越对你表示恭顺。"因此面对困难,强者容易变得更坚强,而弱者容易变得更软弱。我们都能够深深地体会到挫折、苦难,只要从来不畏惧,也不相信眼泪,只要拥有的是汗水与坚韧,敢于冒险,那就一定会战胜困难。

2.不要和自己的胆小与畏惧较真

在困难面前,每个人都会自然地产生一种畏惧,总担心自己战胜不了,以致尚未正式与困难交锋,就已经被困难吓倒。这样的人其实是在和自己的胆小与畏惧较真,在更多的时候,困难只不过是一道门槛,只要我们勇敢地尝试,克服内心的胆怯,大胆去冒险,即使再高的门槛也可以轻松地跨过去。

第六章

化解负面情绪,打开沟通的心门

情绪烦恼，源于不能接纳自己

卡耐基说："无论何时何事，都不要轻易否定，存在即有其合理性。"当我们学会理智地看待事物，不被情绪所左右的时候，我们所激发出的就是情绪正能量。在生活中，许多人习惯于感性用事，当生气或愤怒的时候，常常是脸红耳赤，恨不得把心里所有的消极情绪都发泄出来；若是意志消沉的时候，就一蹶不振、自暴自弃，随意贬低自己。其实，若凡事都以感性对待，很有可能会掩盖事情的真相，甚至做出一些后悔的举动。所以，面对任何事都要理智对待，像余秋雨先生一样，对任何事、任何人都给予一个申辩的空间。而面对情感，则需要感性释放，因为情感压抑得太久，有可能会导致心理疾病。

卡耐基曾讲述了这样一个故事：

我的朋友芬妮是一位脾气暴躁、情绪容易激动的女孩子。由于她的坏脾气，交往多年的男朋友也离开了她。我们都为她感到惋惜，而芬妮也体会到了坏脾气的弊端。有一天，芬妮特地找到我，说："如何才能改掉我的坏脾气呢？"

我以前曾在哈佛大学学习过，熟悉一些心理学方面的东西。我想了想，拿出两个透明的刻度瓶，然后分别装上了一半刻度的清水，随后又拿出了两个塑料袋。芬妮帮我打开，发现里面是白色和蓝色的玻璃球。我对芬妮说："当你生气的时候，就把一颗蓝色的玻璃球放到左边的刻度瓶里；当你克制住自己的时候，就把一颗白色的玻璃球放在右边的刻度瓶里。最为关键的是，现在你应该学会理性控制自己的情绪。"

芬妮一直照着我的建议去做，过了一段时间，我和芬妮一起把两个瓶中的玻璃球都捞了出来，我们发现，那个放蓝色玻璃球的水变成了蓝色。这时，芬妮才知道那些蓝色玻璃球是我把水性蓝色涂料染到白色玻璃球上做成的。这些玻璃球被放到水中以后，蓝色染料溶解到水中，水就变成了蓝色。我趁机对芬妮说："你看，原来的清水投入'坏脾气'中，也被污染了；同样的道理，你的言行举止也会感染人，就像这个玻璃球一样，所以，一定要理智地控制好自己的言行。"

当我再一次拜访芬妮的时候，我惊喜地发现，那个放白色玻璃球的刻度瓶竟然溢出了水。其实，我教会芬妮的方法就是"把自己当成一个思想的旁观者"，这样有助于我们理智地面对事物。渐渐地，芬妮学会了把自己当成一个思想的旁观者，生活开始步入正轨。听说，最近她刚交了一个男朋友，生活对于她来说，似乎变得越来越美好了。

在生活中，总是有一些不如意的事情，对此卡耐基告诉我们：当你要发脾气的时候，第一件应该做的事就是尽量让自己安静和放松下来，先以理智的眼光来审视问题，想一想目前出现了什么情况，而不是顺其自然地乱发脾气，被情绪牵着走。如何理性地对待事物？那就是学会换位思考，或者直接置身事外。

有一位禅师十分喜爱兰花，他花费了许多时间来栽种兰花。所有的弟子都知道禅师把兰花当成了自己生命的一部分。有一次，禅师要外出云游一段时间，在临行前特意交代弟子："要好好照顾寺里的兰花。"在禅师云游的这一段时间里，弟子们都很细心地照料着兰花，但是，有一天在浇水时不小心将兰花架碰倒了，所有的兰花盆都跌碎了，兰花也撒了满地。弟子们感到十分恐慌，并决定等禅师回来后，向禅师赔罪。

过了一段时间，禅师云游归来，闻知了这件事，便立即召集所有的弟子，非但没有责怪，反而说道："我种兰花，一是希望用来供佛，二是为了美化寺庙环境，不是为了生气的。"

禅师喜欢兰花，是对情感的一种感性释放。面对弟子不小心弄坏了兰花，禅师非但没有生气，反而安慰弟子们，这就是理智地对待事情。禅师之所以能看开，是因为他虽然喜欢兰花，但心中却没有兰花这个障碍。兰花的得失并不会影响他的情绪，他是以理性的思维来看待这件事情的；而且，禅师明白，事已至此，自己生气又有什么用呢？只会坏了心情，扰了情绪，不如理性看待。

卡耐基告诉我们，不管发生了什么事情，不管自己处于什么样的位置，都需要好好把握积极情绪带给我们的力量，而不是自寻烦恼，任自己被负面情绪所困扰。这是因为，只有积极情绪才能激发出正能量，消极情绪只会带给我们负能量，并将我们推进痛苦的深渊。

1.理性看待事物

我们应该学会反思，在面对许多事情的时候，往往是感性反应先于理性反应，所导致的结果是常常看不到事情的本质，掩盖了事情的真相。所以，每次感性冲动的时候，我们都应该认真反思自己的观点与行为，时间一长，就能逐渐改变自己的思维习惯，更加理性地看待事物。当然，任何时候我们都需要感性释放情感，因为这是人之常情。

2.看待事情，一分为二

余秋雨说："用诚实、理性的方法来面对各种文化课题。如历史上的反面人物，我们应该重新给予一个逻辑的梳理，使他们有一个申辩的空间，完成自己的逻辑推演过程。有没有可能在一个硬性的历史事件中，寻找到属于个体的软性理由，我认为这种寻找是符合理性精神的。"面对历史上臭名昭著的奸臣秦桧，余秋雨也给了一个申辩的空间："有时，人品低下、节操不济的文士也能写出一笔矫健温良的好字来，据我所知，秦桧和蔡京的书法实在不差！"

放下抱怨，长存一颗感恩的心

　　卡耐基说，抱怨就好像是毒品，看起来像是宣泄，其实是一种负能量的开始。当然，郁积在内心的负面情绪需要通过倾诉清理出去，但一定不是抱怨。抱怨很容易让人上瘾，久而久之就会成为习惯。一味抱怨不仅不能获得正能量，反而会让许多潜藏的负能量爆发出来。许多人喜欢抱怨，好似祥林嫂一样，见人就诉说自己的儿子，逢人便哭诉自己的不幸，时间长了连人们的同情心也淹没了。人们常常把抱怨当作一种宣泄的方式，由于内心苦闷积压太深，没有办法得到排解，于是选择向家人或朋友"宣泄"，开始无休止地抱怨。对这样的情况，心理专家警告："抱怨是毒品，远离抱怨，快乐地活在当下。"的确，抱怨就是毒品，抱怨的次数多了，抱怨的时间久了，自然就会上瘾；而且，最关键的是，抱怨还会伤害到自己的朋友和家人。

　　卡耐基曾讲了这样一个案例：

　　一位喜欢抱怨的女孩走进了心理咨询室，她刚坐下，就向心理医生抱怨："我十分痛苦，因为我发现，最亲密的人也不能包容我的脆弱。"心理医生好奇地询问："比如在什么地方，他不会包容你。"女孩满脸苦恼："我向他袒露自己的痛苦，他不但一点都不理解，反而指责我，这令我非常痛苦，这样的爱情有什么意义呢？我真想分手。"心理医生继续问道："你男友说了什么话，让你印象最深刻？"女孩子想了想，说道："他说受不了我的抱怨，说我总是看到事情消极的一面，却对积极的一面视而不见。"心理医生问道："那你知道自己为什么喜欢抱怨吗？"女孩迟疑了一会儿，含糊地说："因为我有个抱怨的妈妈。"

心理医生对女孩说："那男友对你抱怨的看法，像不像你对妈妈抱怨的看法？"女孩点点头："是的，从小到大，我饱受妈妈抱怨的折磨，但是没有想到，我也像妈妈一样，成了一个喜欢抱怨的女人。"心理医生安慰道："那你再说说对妈妈抱怨的理解和感受吧。"女孩回答道："第一感觉就是烦，然后就想逃跑。小时候，我一听到妈妈的抱怨，就想努力去改变，希望能够消除妈妈抱怨的根源，但是，即使事情有所改变，妈妈还是会抱怨。那时候，妈妈总是抱怨爸爸不给钱，但是后来我发现，妈妈似乎从来不主动找爸爸要钱。当时，我实在难以理解，妈妈抱怨所追求的似乎只有抱怨。"心理医生点点头："你妈妈已经深陷抱怨的'毒'中，而你现在的状况也很危险，再这样抱怨下去，抱怨会成为你的一种习惯，并不断地伤害那些跟你关系亲密的人。"女孩内心充满了忧虑，但是却不知道该怎么办。心理医生向女孩建议："正如你男友所说，试着去看到事情积极的一面，怀着一颗感恩的心，这样你就会慢慢改掉抱怨的坏习惯。"

有人说："抱怨就好比口臭，当它从别人的嘴里吐露时，我们就会注意到；但从自己的口中发出时，我们却能充耳不闻。"想想自己身边那些喜欢抱怨的人，他们身上似乎有着祥林嫂的影子。再回想自己的生活，自己是否也在抱怨呢？如果发现自己正陷入抱怨的泥潭，一定要保持警惕并拒绝，使自己快乐地活在当下。

卡耐基认为，每个人都希望自己成为世界上最幸福、最快乐、最幸运的那一个。对此，哲学家厄尔·南丁格尔说："我们会成为自己想象、思考的东西。"这样一来，我们应该以快乐、幸福以及幸运的心态去面对生活和工作，面对家人和朋友。有什么理由值得我们去抱怨呢？抱怨所导致的最终结果不过是使我们成为令人讨厌的人，没有人喜欢听我们的抱怨，即使是最亲的家人和朋友，因为谁也不想当一个"垃圾桶"。

抱怨只会让我们的正能量流失，从而给了负能量以可乘之机。厄尔·南丁格尔曾说："我们所拥有的一切都是自己造成的，可是只有成功者会这样承认。"或许对于成功者来说，是成功的辉煌让他们主动承认这就是自己的功劳；相反，那些生活得十分糟糕的人，他们却不愿意承认一切都是自己造成的。既然是自己造成的，又有什么值得抱怨的呢？

好心情,本身就是一种正能量

卡耐基说:"其实每个人都生活在自己的围城里,巨大的竞争压力使人们渐渐忘记了自我欣赏和肯定,进而迷失了寻找自我意识的目标和方向。"好心情,本身就是一种正能量。其实,快乐是一种由心而生的乐观心态,它来源于人们克服困难的勇气和对生命归宿的信仰。同样的道理,情绪也是由心生,同时也是由心来控制的。那么,我们将如何调整情绪,给自己一份快乐的心情呢?当然,快乐的资本并不在于财富的多少,而是与人们的信念、家庭、自我价值感和个人情绪有关,好心情是个人愿望达成之后的积极态度体验。因此,合理的期望将直接决定快乐的程度。情绪大多数来源于人们看待事物的方式,一旦理解上出现了问题,往往会产生不正常的情绪反应,导致情绪不佳。所以,调整自己的心态,争做情绪的主人。

有一个小女生从小生长在孤儿院,她常常悲观地问院长:"像我这样没人要的孩子,活着究竟有什么意思呢?"每次,院长总是笑而不语。

有一次,院长交给女孩一块石头,对她说:"明天早上,你拿这块石头到市场上去卖,但不是真卖,记住,无论别人出多少钱都不能卖。"第二天,女孩拿着石头蹲在市场的角落。不少人对她的石头感兴趣,而且出价越来越高。回到孤儿院,女孩兴奋地向院长报告情况。院长笑了笑,吩咐她明天把石头拿到黄金市场上卖。在黄金市场上,有人出比昨天高十倍的价钱来买这块石头。

后来,女孩又将石头拿到宝石市场上展示,结果石头的身价又涨了十倍。可是,女孩怎么都不卖,人们都将那块石头视为"稀世珍宝"。女孩高兴地捧着石头回到孤儿院,问院长:"为什么会这样呢?"院长望着孩子缓缓说道:"生命的价值就像这块石头一样,在不同的环境下就会有不同的意义。一块不起眼的石头,由于你的珍惜而提升了价值,竟被传为稀世珍宝,你不就像这块石头一样吗?只有自己看重自己、珍惜自己,生命才有意义。"

如果自己都不看重自己、不珍惜自己,别人又怎么会看重你呢?生命的价值往往取决于自己的心态,只有你珍惜自己、看重自己,别人才会认同你的价值。乾隆皇帝下江南的时候,站在桥头之上,问身边的人:"桥下熙熙攘攘的船有多少条?"那人回答:"两条,一条是名,一条是利。"人们往往为名所累,因欲海无边而算计,为生计而忙碌奔波,他们常常因为这样或那样的事情灰心丧气、情绪失落、患得患失。其实，人生苦短，怎能让苦恼常相伴呢？

卡耐基讲述了这样一个故事：

汉姆嗜酒如命，有好几次都差点没命了。有一次，他在酒吧里看一个酒保不顺眼，当即杀了他，因而被判了死刑。汉姆有两个女儿，年龄相差一岁。其中，一个女儿染上了毒瘾，平日靠偷窃和勒索为生，同样也由于犯罪而进了监狱。可另外一个女儿却截然相反，她在一家公司担任经理，有着美满的婚姻和可爱的孩子，身上没有任何不良行为。

两个人有同一个父亲，在完全相同的环境下长大，为什么却有着完全相反的命运呢？在一次电视访问中，当记者问到造成她们现在状况的原因，两人的回答却惊人的相似："有这样的父亲，我还能有什么办法？"

在生活中，许多人认为有什么样的环境就会造就什么样的人生，其实这并不是绝对的，因为无论是情绪还是心态都是由我们自己决定的。面对同样的父亲，一个女儿选择了自暴自弃，一个女儿却选择了拼搏，不同的心态铸就了她们截然相反的人生。

哲人说："要么你去驾驭生命，要么让生命驾驭你，你的心态决定谁是坐骑，谁是骑师。"最快乐的人并不会觉得一切东西都是美好的，他们只是满足于自己所拥有的一切；最快乐的人并不会觉得人生总是一帆风顺的，他们只是用积极的心态来面对生活。卡耐基认为，决定一个人命运的关键就是心态。人生并非只有愤怒和无奈，因为情绪是可以由我们自己去把握和调控的。情绪是人生的控制塔，一个人有什么样的心态，就会有什么样的生活和命运。

1. 良好的心态才能控制好情绪

有两位老太太，在生命的最后旅程里，一位选择坐在家里，足不出户，颐养天年；一位选择学爬山，并在95岁高龄时登上了日本的富士山，打破了攀登此山年龄的最高纪录。一个人要想主宰自己的人生，那就必须培养自己良好的心态。当一个人有了良好的心态，才能控制情绪，才能享受生活赋予的快乐和幸福。因此，不要让消极的念头占据你的思想，任何时候都应该保持积极乐观向上的心态。

2. 掌控自己的情绪，也就掌握了心情

自然，情绪与心态是相通的，有乐观心态的人，他们的情绪大多时候都会处于平静状态；而有悲观心态的人，他们的情绪大多时候都会处于抑郁状态。但是，无论一个人多么有能力，一旦缺乏良好的心态，就什么事情都做不成。良好的心态能产生巨大的力量，有了它，我们就能把握自己的命运，从而实现人生的理想。

压力来临，请用正确途径释放负能量

负能量之源是负面情绪，而负面情绪又来自哪里呢？或许我们都忽视了，生活中太多的负面情绪是由压力太大造成的。对此，卡耐基建议我们，学会释放压力，拒绝负能量。缓解内心压力、发泄负面情绪的方法很多，其中不乏看看电影、听听音乐这样既轻松又恰当的方法。

那些轻松、畅快的音乐不仅能给人带来美的熏陶和享受，而且能够使人的精神得到放松。所以，当你在紧张、烦闷的时候，不妨多听听音乐，用优美的音乐来化解精神上的压力和内心的苦闷。和音乐有着相同"疗效"的还有电影，曾经有位朋友这样说："每次心感到苦闷的时候，我就会看周星驰的《唐伯虎点秋香》，边看边笑。到现在为止，我已经记不清楚自己看多少遍了。"足以见得，电影能带给我们多么轻松的心境。

其实，音乐和电影有一个共同的特点，即它们都是艺术。当一个人被负面情绪所困扰，感到精神压力巨大的时候，把自己置身于艺术的天地中，卸下心中的负担，就会发现，自己会感受到前所未有的轻松，畅游在艺术的殿堂里，忘记了烦恼，心绪变得平静，心境变得宁静，那些压力、愤怒就在这样的心境中慢慢释放，最终让心回归平静。

当然，音乐是具备选择性的，烦闷、愤怒时人们都更倾向听自己最喜欢的歌曲，其中，轻音乐是一个最好的选择。因为，它不像摇滚乐那样刺耳、嘈杂，更适合需要安抚的情绪、心境。

轻音乐可以营造温馨浪漫的情调，带有休闲性质，因此又得名"情调音乐"。它起源于"一战"后的英国，在20世纪中期达到了鼎盛，在20世纪末期逐渐被新纪元音乐所取代，并影响至今。"班得瑞"是轻音乐中的经典乐队之一，曾有人说它是"来自瑞典一尘不染的音符"。"班得瑞"来自瑞士，它是由一群年轻作曲家、演奏家及音源采样工程师所组成的一个乐团，在1990年红遍欧洲。"班得瑞"不喜欢在媒体面前曝光，喜欢深居在阿尔卑斯山林中，清新的自然山野给"班得瑞"乐团带来了源源不绝的创作灵感，也使他们的音乐拥有最自然脱俗的风格。

当你缓缓地闭上眼睛，再放上"班得瑞"那一尘不染的天籁之音，就会发现那些不沾尘埃的音符，静静地流淌着，带走了一直压在你心中的忧虑，让你的心灵在水晶般的音符里沉浸、漂净。清新迷人的大自然风格，反璞归真的天籁，如香汤沐浴，纾解胸中沉积不散的苦闷，扫除心中许久以来的阴霾，让你忘记忧伤，身心自由自在。

在充满竞争的现代社会，每个人都会或多或少地遇到一些压力。但是，压力既可以成为我们前进的阻力，自然也可以成为动力，只是看我们如何去面对。这个社会是不断进步的，人在其中不进则退。所以，在遇到压力的时候，最有效的办法就是自我缓解，如果暂时承受不了，一定不要让自己陷入其中，可以通过看电影、听音乐，让自己紧张的心情渐渐放松下来，重新去面对，这时你往往会发现压力并没有那么大。

卡耐基表示，音乐和电影逐渐成为许多人发泄情绪、释放压力的方式之一。有了音乐和电影，就算一个人待在黑暗中也会感到安全、感到充实。有一位信奉基督教的朋友，她这样讲述自己的经历："最近老是被烦心事困扰，心变得敏感而细腻，那天回到住的地方，居然发现自己没有带钥匙，同住的朋友又没有回来，一个人站在空旷的过道里，除了恐惧，还有一点对朋友的憎恨。有趣的是，那天我正好带了《圣经》，无聊之余，我翻开它，借着灯光朗读起来，还唱起了圣歌。后来，朋友回来了，我内心也已经回归了平静，不再抱怨，也不再生气。"音乐所带给我们的除了愉快，还有一份灵魂的寄托。

除了听音乐、看电影等具体方式，我们还需要调整心态。

1.调整心态

有的人总是喜欢把别人的压力挪在自己身上。比如，看到同事晋升了、朋友发财了，自己总会愤愤不平：为什么会这样呢？为什么就不是自己呢？其实任何事情，只要自己尽了力就行，任何东西都是着急不来的，与其让自己陷入无谓的烦恼，不如以积极的心态来面对，努力调整情绪，让自己的生活更加丰富多彩。

2.解开心结

人们在社会生活中的行为像极了一只小虫子，身上背负着"名、利、权"，因为贪求太多，把负担一件件挂在自己身上，不舍得放弃。假如我们能够学会放弃，轻装上阵，善待自己，凡事不跟自己较劲，这样，压力自然也就得到缓解了。

3.转移压力

面对生活的诸多压力，转移是一个好办法。当压力变得太沉重，我们就不要去想它，而要把注意力转移到让自己轻松快乐的事情上来。当自己的心态调整到平和以后，就不会再害怕眼前的压力了。

4.感谢压力

人生不可能没有压力，否则我们的人生就不会得到进步。没有压力，我们的生活或许变了模样。因此，当我们尽情享受生活的乐趣时，应该对当初困扰我们的压力心存一份感激，因为有了压力，我们才能走得更远。

练习快乐，使之成为一种习惯

卡耐基说，快乐是可以练成的。你每天快乐吗？面对这样一个既简单而又复杂的问题，我们常常不知道该如何回答。为此，史铁生曾这样写道："生病的经验是一步步懂得满足，发烧了，才知道不发烧的日子多么清爽；咳嗽了，才体会不咳嗽的嗓子多么安详；刚坐上轮椅时，我老想，不能直立行走岂不把人的特点搞丢了？便觉得天昏地暗。等又生出褥疮，一连数日只能歪七扭八地躺着，才看见端坐的日子其实多么晴朗。后来又患尿毒症，经常昏昏然不能思想，就更加怀念往日时光。终于醒悟：其实每时每刻我们都是幸运的，任何灾难面前都可能再加上一个'更'字。"

史铁生从内心深处说出了这样的话，也许我们可以理解为他一定是吃尽了"疾病"的苦头，所以，才把快乐底线定得这么低。事实上，快乐底线本就如此低，为什么我们不去养成每天"快乐"的习惯呢？

卡耐基曾讲述了这样一个故事：

在辅导班里，有一位60岁的教授，他谈吐幽默风趣，专业知识精深。但是，给学生印象最深的却是他每一次进教室都精神饱满、面带笑容；而且，每次都会带上一束花放在教室的花瓶里，虽然每一次带来的花不一样，但都一样鲜艳美丽。学生不禁产生这样的疑问：教授为什么总是感到如此快乐，难道生活中就没有什么不顺心的事情吗？

　　课程结束之后，一位学生向教授表示了自己的感激之情，同时也提出了一直存在心中的疑问。头发花白的教授笑了笑，说："其实，我只是把快乐的感觉当成了一种习惯，前些天，老伴在一次车祸中走了，孩子又在外地工作，我一个人在家里很孤单，本来我已经退休了，但还想继续执教，教师这份职业让我感到快乐。在工作之余，我最喜欢养花，在我家的院子里一年四季都有花香，我把这些花送给了朋友、邻居以及喜欢这些花的陌生人。我每次带来的花都是自己种的，能给别人带去快乐，我自己也感到很幸福。"闻着那些花香，这位学生感到快乐正抚摸着自己的脸颊。

　　亚伯拉罕·林肯曾经说过："人们如果下定决心要拥有快乐，他就会等到快乐。"其实，快乐只是一种感觉，我们每个人都有拥有快乐的权利。在日常生活中，我们常常会感到悲伤、烦闷，总是认为快乐是一种奢侈品，难以把握。那么，就让快乐成为自己的一种习惯吧！生活中的习惯就是一种积累，而我们有养成快乐习惯的力量，因为我们完全可以自己选择快乐。习惯于快乐的人每天都会对自己说："今天的天气真好，一切都会顺利的。"而不幸的人会说："今天一切又不会顺利。"有时候，快乐对于我们来说只是一种选择，谁也不能决定你的快乐，只有你自己。

卡耐基说，让快乐成为自己的一种习惯，我们不需要太多的寻寻觅觅，不需要太多的权衡，只需要放下那些太过于高远的想法，给自己的快乐画一条最浅的底线，你就会发现，生活中的快乐越来越多、幸福越来越多，每一天都是富足又充实的。

1.领悟快乐与幸福的真正含义

有的人习惯于忙碌奔波，深陷名利而不能自拔，猛然回首，才发现真正的幸福恰恰就在出发的原点，而当年的他们却坚信幸福会在更远的地方。如果你已经埋头工作了许久，那么请站起来，推开窗，深呼吸，放眼远望，微笑抑或呼喊，慢慢品尝这一刻，享受它，学会在最琐碎的事情里品尝幸福的滋味！

2.降低快乐的基线

我们总是认为生活给予得不够多，不自觉提高了快乐的底线。但是，当我们意识到什么才是真正的快乐的时候，生命留给我们享受幸福的时间已经少得不能再少了。本·沙哈尔认为:"只要你追随自己的天赋和内心,你就会发现,生命的轨迹原已存在,正期待你的光临,你所经历的,正是你应拥有的生活,当你能够感觉到自己正行走在命运的轨道上,你会发现,周围的人开始源源不断地带给你新的机会。在追求有意义而又快乐的目标时,我们不再是消磨光阴,而是在让时间闪闪发光。"所以,我们应该让快乐成为自己的习惯,降低幸福的底线,这样我们就会发现,幸福几乎触手可及。

其实,快乐隐藏在琐碎的事情之中,就如同点点粉末撒在日常事务之中。如果我们的眼光太过于高远,就看不见那些随处飞扬的尘埃。如果我们每天都在细数着自己身边的快乐,那么,快乐的指数就会一直上升,快乐就会最终成为一种习惯,伴随我们左右。

发怒，是用别人的错误来惩罚自己

生气是负面情绪，而很多时候，我们都是在用别人的错误来惩罚自己。对此，卡耐基告诫我们，不要给负能量以可乘之机，不要用别人的错误来惩罚自己。德国哲学家康德说："发怒，是用别人的错误来惩罚自己。"在现实生活中，经常生气的人不在少数，可是当有人问道："你为什么生气？"他们却支支吾吾，答不上来，似乎已经忘记了自己生气的初衷。有人对此做过一项调查，那些经常生气的人，他们从来不重视生气的理由，一旦被详细地询问，他们会给出一些不是理由的理由，诸如"我就是看他不顺眼""凭什么，他就表现得那么嚣张，我气不过"等。在对这些理由的阐述过程中，他们所提到最多的都是"他"，其实自己的利益根本没有受到任何损失，生气只是因为"他"的错误。这时候你才会发现，自己生气真的是用别人的错误来惩罚自己。那么，何必要用他人的错误来让自己深陷负面情绪呢？

卡耐基曾讲述了一个东方的故事：

有一天，佛陀在竹林休息的时候，突然有一个婆罗门闯了进来。由于同族的人都出家到佛陀这边来，这位婆罗门对此感到很生气。见到了佛陀，婆罗门就开始胡乱责骂。佛陀并没有说话，等到他将心中怒气发泄完以后，安静了下来，才说："婆罗门啊，在你家偶尔也会有访客吧！"婆罗门感到很奇怪："当然有，你何必这样问？"佛陀笑了，说道："婆罗门啊，那个时候，你也会偶尔款待客人吧！"婆罗门点点头："那是当然了。"佛陀继续说道："婆罗门啊，假如那个时候，访客不接受你的款待，那么，这些菜肴应该归于谁呢？"婆罗门想也不想，就回答："要是他不吃的话，那些菜肴只好再归于我！"

佛陀看着他，又说道："婆罗门啊，你今天在我的面前说了这么多坏话，但是我并不接受它，所以，你的无理胡骂，也是归于你的！婆罗门，如果我被谩骂，而再以恶语相向的时候，就犹如主客一起用餐一样，因此，我不接受这个菜肴。"佛陀又说："对愤怒的人，以愤怒还牙，是一件不应该的事情。对愤怒的人，若是不以愤怒还牙，将可以得到两个胜利：知道他人的愤怒，而以镇静自己的人，不但能胜于自己，也能胜于他人。"婆罗门接受了这番教诲，并出家于佛陀门下，后来成为阿罗汉。

佛陀告诉我们："在不顺利的境况下，能够做到不生气、不发怒，这本身就是一种生活智慧。"最近，在朋友群中流行着这样一句短信：我生什么气！我生气是拿你的错误来惩罚我自己。与其耗费多余的精力去生气，不如好好打理自己的心情。

这天，因为同事在工作上对自己十分无礼，莉莉感到非常生气。而且，由于自己是刚刚到这家公司上班，还没有找到可以畅谈内心感受的女同事。于是，她将气愤的情绪带回了家，一个人坐在沙发上生闷气，不做饭，越想越生气；甚至，内心有一种冲动：干脆辞职吧，这样的同事，以后怎么共事？

正在这时，电话铃响了，原来是自己的闺中密友雯雯。在电话里，雯雯邀请莉莉周末一起逛街，莉莉没好气地回应一声："哦。"雯雯似乎从语气中听出了不快，关心地问道："出了什么事情吗？今天工作顺利不？"这话可问到了关键点上，于是，莉莉一股脑儿把心中的苦闷说了出来，没想到电话那边却传来了一阵笑声。莉莉有些生气："我正生气呢，你还这样嘲笑我。"雯雯笑着说："莉莉，你没有听说过吗，最近很流行这样一句话，生气是拿别人的错误来惩罚自己，既然错在你同事，你生什么气呢？看你在家气得不吃饭、不说话、不开心，说不定你的同事这会儿还很开心呢！别想那些事情了，小事一桩，不值得生气。"听了雯雯的分析，莉莉明白了，自己真的陷入了不良情绪之中，生什么气呢？该干什么就干什么去吧！

的确，当自己生气的时候，不妨冷静地细想，自己的生气是不是大多数因为他人呢？真正的错误并不在自己，何必要在自己心中点一把火呢？有时候，令自己生气的人已经走远了，还在为他生气，这值得吗？那些令自己生气的事情已经过去很久了，还在为它生气，这又是何必呢？在更多的时候，我们都是拿别人的错误来惩罚自己，而在惩罚自己的同时，也达不到纠正别人错误的目的。所以，与其拿别人的错误来惩罚自己，倒不如以自己良好的美德来显示对方的缺陷。

1.心由境造

"得意时淡然，失意时坦然"，心由境造。我们所面对的是一个多变的世界。可能，我们改变不了环境，但是，我们可以改变自己；可能，我们改变不了事实，但是，我们可以改变态度。正所谓"大肚能容天下难容之事，笑天下可笑之人"，如果你知晓了这个道理，那还有什么气可生呢？

2.没什么值得生气

有一位智者，他脾气十分温和，几乎从来不生气。弟子好奇地问他："师傅，难道你就这样永远不会生气吗？"智者微微一笑："生气是什么呢？每当事情发生了以后，我都会告诫自己，事情可以比现在更糟糕的，看来我还算幸运的，所以，有什么值得生气的呢？如果有人犯了错误，错误本身在于他自己，我何必要生气呢？每天，我都来不及感受生活的快乐，哪有什么时间用来生气呢？"

第七章

友好交往，掌握社
交中沟通的艺术

不要忽视一个小小的招呼

卡耐基认为，即便是一个礼貌性的招呼，也是不容忽视的，因为这也在传递微笑正能量。我们在每天的人际交往中，都会频繁地与人打招呼。招呼表示一种问候、一种礼貌、一种热情。千万不要忽视了招呼的作用，一个小小的招呼是我们人际交往中的润滑剂。对同事的一个招呼，可以有效地化解彼此之间的敌意；对朋友的一个招呼，可以唤起彼此之间深厚的友谊；对陌生人的一个招呼，可以减少彼此之间的陌生感。总而言之，一个招呼可以使人与人之间的关系更加和谐、融洽，从而赢得他人的好感。特别是我们在与陌生人交往时，一个独特而恰到好处的招呼更是必不可少的。

卡耐基曾讲述了这样一个故事：

在1930年，西蒙·史佩拉传教士（犹太人）每天都会在乡村的小路上散步，而且时间很长。当他一个人漫步在那小路上，无论碰见谁，都会友好地打声招呼。其中，在小镇边缘的一个田庄里有一个叫米勒的人，他很冷漠。西蒙·史佩拉传教士每天经过田地时都看到米勒在辛勤地劳作，总会热情地向他打个招呼:"早安,米勒先生。"

当史佩拉第一次向米勒道早安时,米勒根本没有理睬,只是转过身子,看起来就像一块石头。在这个小镇里,犹太人与当地居民相处得并不好,更不可能把这种关系提升到朋友的程度。不过,这并没有妨碍或打消史佩拉传教士的勇气和决心。一天又一天过去了,他总是以温暖的笑容和热情的声音向米勒打招呼。终于有一天,农夫米勒向传教士举帽子示意,脸上也露出了一丝笑容。之后每天早上,史佩拉都会高声地说:"早安,米勒先生。"那位农夫也会举举帽子,高声地回道:"早安,西蒙先生。"这样的习惯一直延续到纳粹党上台为止。

当纳粹党上台后,史佩拉全家与村中所有的犹太人都被集合起来送往集中营。从火车上被赶下来之后,他就在长长的行列之中,静待发落。在行列的尾端,史佩拉远远地就看见营区的指挥官拿着指挥棒一会儿向左指,一会儿向右指。他知道发派到左边的就是死路一条,发配到右边的则还有生还机会。他开始紧张了,越靠近那个指挥官,他的心就跳得越快,自己到底是左边还是右边?

终于,他的名字被叫到了,突然之间血液冲上他的脸庞,恐惧却消失得无影无踪了。那个指挥官转过身来,两人的目光相遇了。他发现那位指挥官竟然是米勒先生,史佩拉静静地朝指挥官说:"早安,米勒先生。"米勒的一双眼睛看起来依然冷酷无情,但听到他的招呼突然抽动了几秒钟,然后也静静地回道:"早安,西蒙先生。"接着,他举起指挥棒指了指说:"右!"他边喊还边不自觉地点了点头。"右!"——意思就是生还者。

一个小小的招呼——"早安",竟挽救了自己的生命。《塔木德》上说:"请保持你的礼貌和热情,不管对上帝,对你的朋友,还是对你的敌人。"如果你能够奉行这一原则,就会在复杂的人际交往中获益匪浅。

有时候,一个看似不经意的招呼,会加深你在陌生人心中的印象,会增加陌生人对你的好感。正是那真诚的招呼感动了刽子手,使得史佩拉生存下来。

其实,向一个陌生人打声招呼并不是一件困难的事情。这只是需要我们在见面时问候一声"早上好""中午好""晚上好",即便只是一个微笑、点头,那也是一个招呼。有时候,并不需要挖空心思去与对方寒暄,只是打声招呼,就足以唤起对方心中的温暖。没有一个人能够拒绝温暖的微笑和热情的声音,这些不仅能够博得对方的好感,也能够温暖对方冰冷的心。

1.多一份亲切感

也许在初次见面打招呼的时候，双方都会觉得有点不自然，彼此是陌生的，也不会有多少感触。但是，当你们第二次在大街上碰到，你不经意地喊出对方的名字，跟对方打个招呼，对方就会觉得有说不出来的亲切感。其实，人与人之间的关系就是这样建立起来的，仅仅一个招呼就足以让双方不再陌生。

2.拉近双方之间的距离

在日常生活中，领导和下属打招呼，正是悄悄地拉近上下级之间的距离。这时候，领导不再是高高在上，而是像朋友般亲切。因为一声招呼、一句问候而成了朋友，领导与下属之间就是一种平等的关系，当工作出现了问题，双方就可以互相讨论如何来解决。

做一个懂得倾听的人

卡耐基认为,做一个忠实的倾听者远比滔滔不绝成功。这是因为当你在倾听时所传递的是人际正能量。英国管理学家L.威尔德有一句十分经典的话:"人际沟通始于聆听,终于回答。"在沟通过程中,一问一答之间可以使人受益无穷。人际交往中,倾听是人与人之间沟通的基础,但现实生活中却没有多少人真正掌握倾听的艺术。或许,有人错误地以为多说话才能把握沟通的主动权,其实,多说话会给我们带来很多负面的影响,说得太多有可能会使他人对你产生戒心,认为你有某种企图;说得太多会让他人对你敬而远之,因为他没有义务当你的倾诉桶;况且,说得多了,难免会出错;有时候,说得太多,暴露的信息太多,就会被别人看穿。所以,做一个懂得倾听的人,并沿袭这样的美德,你就会赢得比别人更多的机会,获取更多的信息,把握沟通的主动权,从而更加有效地打动人心。

卡耐基曾讲了这样一个故事:

杰克是一个很受欢迎的人,他常常会接到不同的邀请,并且在各种社交场合,他都能和大家打成一片。朋友威廉十分敬佩他，却始终没能找到杰克的秘诀。

有一天晚上，威廉参加一个小型的社交活动，一到场他就看见杰克和一个气质高雅的女士坐在角落里。威廉发现，那位年轻的女士一直在说，而自己的朋友杰克好像一句话也没说，只是偶尔笑一笑、点点头。回家的路上，威廉忍不住问杰克："刚才，那位年轻的女士好像完全被你吸引住了，你是怎么做到的？"杰克笑着说，"刚开始我只是问她：你的肤色看起来真健康，去哪里度假了吗？她就告诉我去了夏威夷，还不断称赞那里的阳光、沙滩，之后顺理成章地就讲起了那次旅行，接下来的两个小时她都一直在谈夏威夷，最后，她觉得和我聊天很愉快，可是，我实际上并没有说几句"。

看完这个故事，我们应该清楚杰克为什么总是那么受欢迎了吧！是的，原因就是他总是认真地倾听。其实，在沟通过程中，倾听是对谈话者最基本的尊重，同时也是有效沟通的前提。懂得倾听，认真倾听，让对方感受到你的注意力，让他觉得你对他所谈的内容很感兴趣，那么，你们之间的心理距离就会缩短。在这样友好的氛围中，对方更容易对你产生好感，自然也很容易被你打动。

有一次，乔·吉拉德拜访了一个有趣的客户。一开始，客户就喋喋不休地谈论自己的儿子，他十分自豪地说："我的儿子要当医生了。"乔·吉拉德惊叹道:"是吗?那太棒了!"客户继续说:"我的孩子很聪明吧,在他还是婴儿的时候,我就发现他相当聪明。"乔·吉拉德点点头,回应道:"我想,他的成绩非常不错。"客户回答:"当然,他是他们班上最棒的。"乔·吉拉德笑了,问道:"那他现在在哪儿呢?"客户回答:"他在密歇根大学学医,这孩子,我最喜欢他了……"话匣子一打开,客户就聊起了儿子在小时候、中学、大学的趣事。

第二天,当乔·吉拉德再次打电话给那位客户时,竟被告知他已经决定在自己手中买车。而原因很简单,他说:"当我提起我的儿子吉米有多骄傲的时候,他是那么认真地在听。"

认真倾听使得乔·吉拉德打动了顾客,赢得了一份订单。如此看来,"倾听"确实是一个讨人喜欢的行为。在日常交际中,我们习惯用语言来交流思想,用心来沟通感情,但是,沟通与交流需要的仅仅是语言吗?当然不是。在很多时候,我们都很容易忽视耳朵的作用,也就是倾听。倾听是一种交流,更是一种亲近的态度,只有倾听才能领略别样的风景,只有倾听才能真正地走进对方的心里。

心理学中有一种"威尔德定理",它给我们的启示是"倾听永远凌驾于说之上"。倾听是一种美德,没人会喜欢开口就叽叽喳喳的鸟儿,他们更喜欢能够认真倾听自己说话的人。在办事的过程中，如果你能恰到好处地将这一美德表现出来，赢得主动位置，那么绝对会无往不利。

1.少说多听使你受益无穷

布里德奇说："学会了如何倾听，你甚至能从谈吐笨拙的人那里得到收益。"倾听并不是没有任何意义的随声附和，一个优秀的倾听者可以从说话者那里获取大量的信息，赢得对方的好感，达到打动人心的目的。

2.倾听也是需要技巧的

当然，倾听也是有技巧的，除了听之外，还要适时地重复对方话语中的关键字眼。而且，倾听比说话更需要毅力和耐心，假如你只是埋头玩自己的手机，或者把头撇向一边，这样无疑会打击说话者的积极性。

3.倾听是沟通的前提

倾听是说话的前提，先听懂别人的意思，再表达出自己的想法和观点，才能更有效地沟通；同时，听懂了别人的意思，才有机会掌握沟通的主动权，如此也更容易打动人心，达到成功办事的目的。

谈论他人感兴趣的事情

卡耐基说:"即使你喜欢吃香蕉、三明治,但是你不能用这些东西去钓鱼,因为鱼并不喜欢它们。你想钓到鱼,必须下鱼饵才行。"简单地说,当我们在与对方进行语言交流的时候,需要"忘记"自己的兴趣与爱好,而是用对方的兴趣爱好来展开话题,这样会使彼此之间的沟通更加顺畅。在沟通过程中,谈论对方的兴趣与爱好,这样能让对方感觉到受重视、受尊重,继而能赢得对方的好感与信任。许多人习惯于谈论自己的兴趣与爱好,从来不考虑对方,这样的人永远不会得到对方的认同。所以,赢得对方好感与信任的诀窍在于,谈论他人最喜欢的事情,达到打动人心的目的。

卡耐基曾讲了这样一个故事:

阿美是一家房地产公司总裁的公关助理,奉命聘请一位特别著名的园林设计师担任本公司一个大型园林项目的设计顾问。但这位设计师已退休在家多年,且性情清高孤傲,一般人很难请得动他。

为了博得老设计师的欢心,阿美在正式拜访之前做了一番调查，她了解到老设计师平时喜欢作画，便花了几天时间读了几本中国美术方面的书籍。这天，她来到老设计师家中，刚开始，老设计师对她态度很冷淡，阿美就装作不经意地发现老设计师的画案上放着一幅刚画完的国画，就边欣赏边赞叹道："老先生的这幅丹青，景象新奇，意境宏深，真是好画啊！"一番话立即使老先生感到一种愉悦感和自豪感。

接着，阿美又说："老先生，您是学清代山水名家石涛的风格吧？"这样，就进一步激发了老设计师的谈话兴趣。果然，他的态度转变了，话也多了起来。接着，阿美对所谈话题着意挖掘，环环相扣，两人的感情越来越近。最后，阿美说服了老设计师出任其公司的设计顾问。

人的本质中最深层的驱动力就是希望具有重要性。而且，一个人的兴趣与爱好是其人生中最看重的一部分，他希望自己的兴趣与爱好能够得到别人的认同与肯定。一旦你在谈话中巧妙地说到了他的兴趣所在，他就会转变之前的冷淡态度，开始滔滔不绝，因为在自己感兴趣的事情面前，任何人都会有一种谈话的欲望。所以，如果你想让对方对你的谈话感兴趣，那就只能以对方的兴趣来展开话题，这样才能有效地影响其心理，令之后的沟通畅通无阻。

一位漂亮的女郎在首饰店的柜台前看了很久。售货员问了一句:"这位女士,您需要买什么?""随便看看。"女郎的回答明显缺乏足够的热情。不过,售货员发现这位女郎总是有意无意地触摸自己的上衣,好像对自己的上衣很满意,于是忍不住说:"您这件上衣好漂亮呀!您的眼光真不错。""啊?"女郎的视线从陈列品上移到了自己感兴趣的上衣上面。"这件上衣的款式很少见,是在隔壁的百货大楼买的吗?"售货员满脸热情,笑呵呵地继续问道。

"当然不是,这是从国外买来的。"女郎终于开口了,并对自己的回答颇为得意。"原来是这样,我说在国内从来没有看到这样的上衣呢!说真的,您穿这件上衣,确实很吸引人。""您过奖了。"女郎有些不好意思了。"只是……对了,可能您已经想到了这一点,要是再配一条合适的项链,效果可能就更好了。"聪明的售货员顺势转向了主题。"是呀,我也这么想,只是项链这种昂贵商品,怕自己选得不合适……"

在日常交际中,双方的沟通最忌讳彼此沉默不语,或者对方总是一副爱理不理的样子。那么,如何打开对方的话匣子呢?最好的方法就是先从对方的兴趣谈起,这样会使整个谈话过程变得愉悦而畅快。当然其间,我们可以通过提问这样的方式来深入了解对方的心理需求、心理动机以及所感兴趣、关心的事情，顺势展开话题，使对方侃侃而谈。

聪明的人在说服对方的时候，懂得去暗合对方的心理，让对方感到受尊重。当然，在说话时利用语言来暗合对方的心理，需要"合"得巧妙，千万不能让对方看出破绽。其实，当我们从对方感兴趣的话题入手，就是在暗合对方的心理，以达到打动对方的目的，而这就是沟通中的正能量。

1.找到对方的兴趣点

每个人都有自己的兴趣爱好，因此在谈话过程中，我们要想办法找到对方的兴趣点。可以在与对方交谈之前做好准备工作，打听对方有什么兴趣爱好；也可以通过自己的观察或提问来获知对方感兴趣的内容。

2.从对方的兴趣展开话题

在沟通过程中，为了获得更多有关对方的信息，也为了满足其自尊心，就需要让对方尽可能地多说话。所以，要从对方的兴趣展开话题，这样会利于整个沟通的顺利进行。

偶尔来一些"夸张的赞美"

在日常生活中,或许每个人都曾得到过别人的赞美。赞美就如同润滑剂,可以和谐彼此之间的关系,让对方感受到话语里的温情。我们常说"赞美要真诚",那是否就意味着要抛弃稍微夸张的赞美方式呢?事实上,生活中偶尔来一些夸张的赞美方式,反而会增加不少情趣。例如,男人在赞美自己女朋友的时候,通常会说"你真是上天赐给我的天使""你真是美若天仙",虽然被赞美者明白自己并没有那种夸张的美丽,心里却像是吃了蜂蜜一样甜。不过,我们要切忌,夸张的赞美方式不是任何时候都适用。换句话说,夸张的赞美方式应该慎用、少用。

戴尔·卡耐基曾做过二流推销员,那确实是一段难忘的经历。当时,卡耐基对发动机、车油和部件设计之类的机械知识毫无兴趣,这样一来便完全无法掌控自己推销产品的实质。

有一次,店里来了一个顾客,卡耐基立即走上去向他推销货车,但他说的话却往往连货车的边都沾不上。顾客觉得卡耐基是一个疯子。这时,老板气愤地走过来,大声吼道:"戴尔，你是在卖货车还是在演讲？告诉你，明天再卖不出去东西，我会让你滚蛋。"这下，卡耐基着急了，如果丢失了这份工作，意味着自己将无法生存。

于是，卡耐基立即说："老板，你是最仁慈的，有了你，我才吃上了面包。你放心，为了让我可以吃上面包，我会好好干的；而且，瞧你今天穿得多精神啊，相信你今天的生意会一帆风顺的。"被赞美了几句，老板的气消了，也再没说过解雇的事情了。

在这里，卡耐基的赞美有点夸张，好像如果没有了老板，自己就无法活下去似的。虽然，这样的赞美是夸张了点，但恰恰体现出老板对自己的重要性，而这正是老板所希望听到的。从这里不难看出，适当的时候来一两句夸张的赞美也是很有必要的。

老婆买了一件衣服，晓宇就说："这件真漂亮，你穿上就像明星一样。"老婆的工作项目在公司拿了奖，他就说："你真棒，你真是美貌加智慧的未来女强人。"刚开始，老婆听得心花怒放，可是几个月过去了，她听得耳朵都起了老茧。周末，晓宇去丈母娘家吃饭，一进门就说："真谢谢你们生了这么一个好女儿，我娶了她，是我几辈子修来的福气。"老婆在一旁，眼睛瞪得老大，心想：这也太过了吧。从家里出来，老婆就对晓宇说："我爸爸觉得你突然之间变得虚伪了。"晓宇愣住了："这可都是赞美你的话，怎么说我虚伪了？"

其实，夸张的赞美语言偶尔来那么一两句，老婆肯定会心花怒放。但是，每次都是那些煽情、夸张的甜言蜜语，对方也会听腻的；而且，对方会觉得你根本就不是真心在赞美。果然，在丈母娘家，晓宇那句"真谢谢你们生了这么一个好女儿，我娶了她，是我几辈子修来的福气"怎么听给人感觉都是虚伪的。所以，夸张的赞美方式应慎用，否则效果只会适得其反。

事实证明，夸张的赞美并不是任何时候都能起到作用，它只是在特定的环境里才能发挥作用。如果你对谁都是那么一句夸张的赞美，对方一定会觉得你是一个虚伪的人。有了这样的判断，你的赞美非但不能打动对方，反而会令其心生厌恶。

1.慎用

一般情况下，我们不提倡用夸张的赞美方式，因为夸张的语言缺少了真诚，被赞美者很难会被打动。不过在适当的时候，如在恭维上司的时候，在遵循事实的前提下，可以稍微说得夸张一点。这样，上司也是可以接受的；而且，在心理得到满足的同时，会更容易被我们的赞美之词打动。

2.少用

当然在大多数情况下，我们还是要少用或者根本不用夸张的赞美方式。毕竟，只有真诚的赞美才能打动人心，而真诚就需要自然而真实的语言，夸张的语言会影响到赞美本身的效果。如果你有把握能使用好夸张的赞美方式，那是可以的；可如果你根本就没有驾驭夸张语言的能力，那就少用为妙。

主动认错,是一种勇敢的行为

美国田纳西银行前总经理L.特里曾说:"承认错误是一个人最大的力量源泉,因为正视错误的人将得到错误以外的东西。"俗话说:"金无足赤,人无完人。"谁都难免会犯一点小错误,而且每个人都存在着这样的心理:犯错误后,脑子里总是想着隐瞒自己的错误,害怕自己承认错误之后会丢面子。其实,有这样的心理是正常的,但是为了能够从错误中获得另外一些有用的东西,我们应该克服这样的心理。承认错误并不是什么丢面子的事情,相反在一定程度上,这是一种勇敢的行为。因为,对于每一个犯错的人来说,错误承认得越及时,就越容易改正和补救。

布鲁士·哈威是公司财务部的一名员工,有一次,他错误地付给一位请了病假的员工全薪。当他发现这个错误的时候,就及时告诉那位员工,解释说必须要纠正这个错误,即在下一次的薪水中减去多付的金额。然而,那位员工说这样做会给自己带来严重的财务问题,因此,他请求分期扣回多付的薪水。但是这样的话,哈威必须首先获得上级的批准。哈威心想:我知道这样做，一定会使老板十分不满。不过，在哈威考虑如何以更好的方式来处理这种情况的时候，他明白这一切混乱都是自己的错误造成的，自己必须在老板面前承认错误。

于是，哈威找到老板，说了事情的详细经过，并承认了错误。老板听了大发脾气，指责人事部门和会计部门的疏忽，然后，开始责怪办公室另外两个同事。哈威反复解释："这是我的错误，跟别人没有关系。"最后，老板看着他说："好吧，这你是的错误，现在把这个问题解决吧。"哈威解决了问题，纠正了错误，没有给任何人带来麻烦，之后老板更加器重哈威了。

哈威敢于承认自己的错误，从而赢得了老板的信任。其实，如果一个人有足够的勇气来承认自己的错误，那么在认错之后，其内心会获得某种程度的满足感。承认错误，不仅可以消除内心的罪恶感，而且有助于解决错误所制造出来的问题。

关键是，主动承认错误远比别人提出批评后再承认更容易得到他人的谅解。卡耐基告诉我们：一次错误并不会毁掉以后的道路，真正会阻碍你的，是那不愿意承担责任、不愿意改正错误的态度。

1.勇于认错

在营救驻伊朗的美国大使馆人质的作战计划失败后，美国总统吉米·卡特在电视里郑重申明："一切责任在我。"当时，仅仅因为这句简单的话，卡特总统的支持率上升了10%。

不是错误了，就永远不能改正；不是失败了，就永远不能成功。我们只有勇于承认自己的失败与错误，才能最终赢得成功。达尔文曾说："任何改正都是进步。"而这个案例也告诉我们：勇于认错，才能让自己不断地进步。

2.知错就改

2001年，沃尔玛首次位列世界500强榜首。据德国《商报》报道，这个世界上最大的连锁商进入德国市场四年来连遭败绩，损失超过了1亿美元；而且，它还在财务上遮遮掩掩，这一切都没能蒙过德国法律。于是，沃尔玛不得不对外公开了自己2000年和2001年两年度的财务情况。当时，沃尔玛在德国拥有了十几万员工、几十家分店，但是，沃尔玛并没有因在德国受挫而灰心丧气，而是积极采取整顿措施，在德国市场上继续拼搏，后来终于获得了成功。

第八章

婚恋爱情，如何与你的爱人沟通

学会原谅,才能更好地走下去

卡耐基认为,恒久的婚姻,是需要彼此的宽容来维持的。在婚姻的世界里,并没有一百分的一个人,只有五十分的两个人。或许他/她有一些小缺点,偶尔还会犯一点小错误,这时候,都需要你的原谅与宽容。在这个世界上,就连圣人也免不了会犯些错误,更何况我们普通人呢?

有人说,原谅生活,是为了更好地生活。其实,在婚姻的路上,学会原谅你的另一半,也是为了更好地生活。别跟自己过不去,也别跟他过不去,没有理由不快乐地生活着,关键是我们在婚姻中怎样来取舍。他/她有一些错误,但婚姻比起来更加美好,我们又有什么理由来拒绝婚姻呢?两个人曾经那么相爱,还记得雨天里浪漫的散步,还记得那次他陪着你逛了一整天的街,还记得他说"只要你做的饭菜,我都喜欢",还记得他在泥泞的路上毫不犹豫地背起了你,还记得以前那艰难的日子里相濡以沫的点点滴滴。所以,两个人既然是真心相爱,就没必要为了一个错误而放弃这段来之不易的感情。

樱子的新房装修好了,回想和老公一起走过的日子,回忆老公对自己的温柔体贴、关怀备至，她觉得时间真快，他们终于有自己的家了。他们是大学同学，在一起7年，房子的首付是两个人一起攒下来的，虽然那段日子过得很艰辛，却显得无比幸福。樱子经常会说，那就是一起吃苦的幸福。结婚后不久，婆婆来了，因为照顾小孩子，要住一个多月，樱子也表现出媳妇的孝心，陪着婆婆买衣服，又塞给婆婆零用钱。

一天下班之后，樱子回到家发现自己的房间好像被人动过，所有的摆设都换了位置，她想找东西也找不到，当时心里有点生气。她就对婆婆说："妈妈，你打扫房间的时候动我房间里的东西了吗，我连明天要穿的衣服都找不到了。"没有想到婆婆情绪很激动，一直在那里说："屋里东西哪些能动，哪些不能动你也不说，我怎么知道？我收拾东西帮你打扫卫生，不指望你能干活。"婆婆啰唆起来没完没了，她根本就插不上话。她一开口，婆婆就提高声调，完全不给她解释的机会。还说："下次我不进你房间打扫了，你自己来做清洁。"樱子又生气又委屈，扭头关门进了卧室。丈夫是个特别孝顺的人，连忙跑去安抚妈妈的情绪。婆婆的唠叨还在继续，用的是家乡话，听着好像在埋怨樱子不爱干净和自己把儿子拉扯大不容易之类的话。

樱子在房间里实在很憋屈，忍不住走出来，说道："我并没有说怎么样,以后你愿意怎么样就怎么样吧,我什么都不会管的。""你这是什么意思,觉得我这个婆婆碍事了,那我走好了,明天就走。"说完,还一把鼻涕一把泪的。这时候,心疼母亲的丈夫一时冲动伸手就给了樱子一个耳光。樱子捂着自己那通红的脸颊,开始大叫:"我要离婚!"因为樱子一向反对家庭暴力,而且也是两人以前约好的。

事后,丈夫向樱子道歉请求她的原谅,并写了悔过书保证再也不会动手,恳求她放弃离婚的想法。樱子相信老公是爱自己的,他们一起吃了很多苦,两个人互相扶持走到现在不容易,共同经历了数不清的风风雨雨。在看到老公如此诚恳的认错态度后,樱子选择了原谅老公,并且约法三章,无论什么情况绝对不能使用暴力。婆婆也很后悔自己当初逞口舌之快,差点拆散两人的婚姻,因此主动去向樱子认错。回过神来的樱子也知道当日自己言语不当,忙向婆婆认错。一家人恢复如初。

两个人能经历风风雨雨走到一起,真的很不容易,没有理由去轻易放弃一段来之不易的感情。所以,请在保护好自己的前提下选择原谅对方,放下偏执,让那些不愉快的伤痛成为过去,给它画上一个句号,期待明天的生活更加美好。

每个人的心里都隐藏着一个杯子,这个杯子里装满了心事,如果心事太多了,就会溢出来,影响到身体的健康。所以，在适当的时候需要倒掉一些才行，否则心中的负荷太重了，就会使我们的心情沉重，呼吸困难。而在婚姻的城堡中，没有谁敢保证永远不会犯错，每个人都会犯一些错误，如果你把爱人的错误压在心底，就会造成心理负荷，使杯子里装满不安和痛苦，难以获得快乐。

这时候，舍弃心中的计较，选取宽容大度的原谅，你们就可以重新收获爱情，也可以更好地生活。无论是生气还是吵架，都是激化爱情矛盾的催化剂，要学得理智一点，不要再为另一方的错误而耿耿于怀，宽容地原谅他，给他一个改过自新的机会。而他也会从心里感激你的豁达与大度，你们的生活依然可以过得很幸福。

被误会,也要学会看得开

卡耐基说,有时候,我们也会在婚姻的世界里遭遇误会、误解,甚至一件微不足道的小事也会让对方觉得难以理解。误会重重,越想解释,看起来却越像掩饰,于是,误会就像是弥天大雾,阻断了爱情前进的脚步。一方迟迟打不开心结,而被误会者更是受尽委屈,心中愤恨不已,这样的两个人在一起,就注定了伤害与痛苦。有的爱情,仅仅因为一次误会而终结,两个本来相爱的人成了陌路。

为什么爱情会这么不堪一击呢?其实,误会毕竟是误会,只要拨开了眼前的迷雾,生活就会充满阳光。当自己被误会的时候,也要学会看得开,以一种理解的心情来看待对方的言行,并且试着解开这个误会,从而打开一直纠缠对方的心结。如果你还沉浸在委屈中,反击的动作势必会火上浇油,若爱情成了战场,相爱的两个人都会受伤。所以,即便是自己被误会了,也要舍弃心中的委屈,致力于解开误会,让爱情重新绽放出无尽的光芒。

小米和老公结婚3年了,生了个女儿,生活显得更加温馨和睦。小米感到很幸福，老公事业有成，女儿活泼可爱，还有什么不满足的呢？

可是，最近小米听到了很多传闻，就连自己的好朋友也悄悄地暗示自己"要注意你老公的动向"。刚开始听到这样的传闻，小米还以为是开玩笑，反过来安慰朋友："没事啦，我现在很幸福，老公也很爱我。"朋友看着一脸幸福的小米，也有点宽慰："其实，我也是听来的，据说你老公所在的公司来了个漂亮能干的总监，好像跟你老公走得挺近的。"小米听了，心里也有点疑惑，怎么从来没有听老公说过呢？有一天下午，小米特意打扮了一番去接老公下班，在公司门口等着，一会儿，老公和一个女的并肩走了出来。老公看见小米，有些惊讶，微笑着走了过来。小米脸上却不好看，不屑地看了那女的一眼，就挽着老公走了。一路上，小米一句话也不说，老公问了几句，她也是没好气地回答。老公知道她在生气，但觉得自己现在说什么都会被认为是辩解，便一脸苦笑。

周末，在外面洽谈工作的老公打电话给小米"晚上出来吃饭，一会儿我来接你"，小米心里还有气"你咋不跟那个什么总监一起吃呢，我可只是一个家庭妇女"，老公回了一句"我就喜欢家庭妇女"，"什么，她已经结婚了，你还对她有那意思？""哎，晚上出来再说吧"。小米差点把电话砸了，但她不想就这样完事。晚上，小米来到了楼下，老公为她拉开了车门，她发现车上还坐了两个人，是那个漂亮的总监和苏军。老公做了介绍："这是我们公司的总监小曼，这是她老公苏军，你认识的，我大学同学。"小米恍然大悟，幸亏自己没有做出什么行动，她捏了老公的手臂，嗔怪道："也不早跟我说一声。""可是，你没有给我机会啊！"老公笑着说。

老公被小米误会了，但他并没有因为小米的无端猜疑而大为光火，而是以包容的心态来理解她的言行。并且，他以实际的行动解开了误会，最终两人又恢复了往日的恩爱。假设老公在受到老婆猜疑的时候，就开始生气，并且认为这是"莫须有"的罪名，怀着一种"反正我是清白的，你爱怎么想就怎么想"的心态处理，那一定会让这次误会升级为战火，还有可能使两人之间的感情破裂。所以，一个人遭受误会时也要想得开，舍弃暂时的委屈，选取长久的爱情。

卡耐基认为，爱情，就像人生一样。没有谁的爱情会一帆风顺，都会免不了经历一些风风雨雨，走过坎坷的路程。也有人说，当爱情经历了风雨的洗礼，它会变得更加强壮，无坚不摧，更加恒久。

1.更好地理解另一半

其实，在爱情里会产生一些误会，除了女人的天性敏感多疑，还有一个原因就是她太在乎你了。因为在乎你，所以不得不关注你的一切行为，虽然这看似霸道的爱，却是出自真诚的心理，也是无可厚非的。男人应该对这种行为给予理解，以宽容的姿态拥抱她。在每一个男人心中，都应该有一块静心石，对于她的误会要放下，很多误会也就可以解开，也能够为美丽的爱情拨开云雾的遮蔽，重新绽放出爱的光芒。

2.感情需要理解的呵护

如果爱情就像温室里的花朵，从来没有经历过风雨的洗礼，它就显得很脆弱，也经不起任何外在的打击。一旦刮风下雨，那花朵就会因经受不住打击而枯萎。难道说爱情本来是这样子吗？当然不是，爱情刚开始的时候，有缠绵，感情也持续高温，但是发展到一定的阶段，就会出现误会、吵架，这是一个必经的过程。从某种程度上说，这也是对爱情间接考验的过程，那些善于经营爱情的人就会聪明地解开误会，重新获得爱情。当迷雾散开，你就觉得那差点失去的爱情是如此的珍贵，在以后的日子里也会更加珍惜。

不要试图改变你的爱人

卡耐基曾这样告诫所有的女性：不要总想让男人按照自己的意愿做事。生活中，我们总会看到这样的景象：一些像跟班似的男生，背着女朋友的包包，鞍前马后，全然不顾男人形象。当然，走在他身边的女人肯定没有失去生活自理能力，只是习惯让男人按照自己的意愿做事，最终导致男人没有了尊严。而造成这一切的却是那些妄图掌控男人的极端膨胀女人。在这些女人看来，自己掌控了男人就好像有了莫大的尊严，其实越是这样的男人就越是不可靠，他之所以还能忍受你的掌控欲，那是因为心里还有你。但若是这样长期下去，他肯定会在你"高高在上"的姿态下转身离去。女人若是不想让自己的爱情遭遇风暴，就应该记得在一开始就需要维护自己尊严的同时给男人同样的空间和尊重，这样男人才会更加爱你。

王云是一个掌控欲较强的女人，她的这个特点从结婚那天起，老公就知道了。结婚的时候，婚礼的所有安排都是王云设计的，老公好心提出建议，却总是被一句话驳回："这个事情必须得这样，否则搞砸了婚礼，我跟你没完。"

婚后，王云的掌控欲越来越明显。她包揽了老公的一切，她先去商场以自己的眼光给老公买了很多衣服，将老公柜子里以前的衣服全部塞进垃圾箱里。然后小到牙刷，大到电脑的牌子，她都按照自己的想法购买。结果可苦了老公，本来他是一个衣着中规中矩的人，但王云所买的都是时尚花哨的衣服，穿着它们去公司，被同事们看了不少笑话。

最让老公受不了的就是，王云总是指使自己做这做那，比如老公回家说："最近，公司人事部可能有变动。"王云就会"出谋划策"："你得想办法上升，这样才有出路，总是这样怎么行，这样明天我去给你领导送个红包怎么样？"老公暗暗叫苦，嘴上说着："你还是别去了，省得最后把事情搞砸了。"结果王云还是去了。可想而知，本来老公有机会晋升的，让王云一闹腾，领导硬生生地将晋升的文件压了下来。

出了这样的事情，老公生气了，大吼："你怎么总是这样？什么都想管着我、控制我，小到衣着打扮，大到公司的事情，你管得未免太宽了吧，你这样，我真的很累，好像每天我做的都不是我自己，而是你训练出来的傀儡一样……"

女人总是想让男人按照自己的意愿做事，其实这本身就是一种对男人的控制。而男人是一个强势的群体，他们通常会将自己的面子和自尊看得比生命都重要，因此不会任由别人侵犯。如果女人跨越了这个边界，只会惹来男人的怒气和厌恶，时间长了，有可能两人之间的感情也会出现问题。

卡耐基认为，在家庭中，有些女人的形象就好像是一个全职保姆，而且还是一个姿态蛮高的保姆，因为她总是会强迫男人按照自己的意愿去做事。比如，出门穿什么衣服，浴巾放在哪里，家里的每样东西都必须按照她所说的放在固定的地方，不然她就开始唠叨，甚至发脾气。电脑是开着还是关着，她也会管，而且在她说了之后就应该马上去做，否则他又会生气。在这样的严格控制下，男人就好像一只被关在笼子里的小鸟，毫无自由。人的内心深处总是住着一个叛逆的小孩，你叫他这样做，他偏偏那样做。男人也是一样的，他们就好像飞翔在天空中的风筝，如果你把线拽得太紧，他只会拼命挣脱，最终线断了，他也自由了。

1.对男人就好像放风筝一样

很多人都放过风筝，而如何有技巧地掌控风筝线，不让风筝挣断，这才是最重要的。女人对男人，就好像放风筝一样，你要给男人充分的自由，用心体恤他的工作，这样男人的心才会紧紧地留在你那里，而不会飞向别处。

2."控制男人"的想法往往会起相反的作用

许多女人聚在一起，所谈论的话题就是"如何控制男人，将男人玩弄于股掌之间"，但她们都忽视了，男人并不是物件，他们也是有思想、梦想自由的人。女人一旦产生"控制男人"的想法，往往会起到相反的作用，因为男人讨厌被人控制，而且还是被最亲近的人控制，他们心中会对你产生极大的反感，而这将成为两人之间关系亮起红灯的导火线。

低谷时，不要忘记鼓励对方

卡耐基认为，在婚姻之中，假如一人陷入情绪低迷的时候，他的另一半需要及时向对方说几句鼓励的话。每个人都有低迷的时候，你的爱人也不例外，有可能是工作上进展得不够顺利，有可能是遇到了一些困难与挫折，有可能正处于人生的低谷时期。当他出现低迷的时候，你是否做了应该做的——给予他几句话的鼓励。一些女人习惯了啰唆、指责，面对老公工作中的失败，不仅不给予安慰，反而变本加厉地指责起来，说一些伤人的话语："你真是没有出息""纯粹是一个窝囊废，早知道当初就不嫁给你""自从跟着你，我就开始倒霉了"……这些杀伤力无穷的话语，无疑是雪上加霜，而你也成了落井下石的那一位。当面对他遭遇困难的时候，即便是陌生人也会递上一份问候，更何况是你。所以，即使他事业没有什么成就，也不要乱加指责，更不要随意怒骂，这只会使你们之间感情越来越淡漠。不妨拿出女人的本色，给予他几句话的鼓励，用你柔弱的双肩为他支撑起坚实的大后方，给他信心，让他从困境里走出来。这是一个女人的智慧，更是一个女人的骄傲。

小路和老公都来自农村,因为共同的家境让他们有了许多共同语言。认识两年之后,他们就领证结婚了,虽然没有房子,也没有车子,甚至连婚纱照都没有拍,可是小路觉得自己很幸福,因为爱是任何物质都换不来的。

结婚后,老公工作更努力了,虽然没有较高的学历,但他用自己点点滴滴的勤奋努力拼搏,只是为了当初许下的承诺:小路,我会给你一个美好的将来,相信我。小路的爱让他坚信自己一定会成功。小路也经常鼓励老公:"你就是最棒的,总有一天,你会有自己的公司,我相信你,一直,甚至是永远。"过了两年,辛苦拼搏的老公赚回了人生的第一桶金,自己经营了一家小公司,虽然看起来似乎并不起眼,但小路说:"有一天,你会把公司做大的。"在小路的不断鼓励下,老公的公司发展越来越好,没过几年就买了房子,买了车子,也做成了大公司。

但是好景不长,可能是因为经营不善,一些管理方法出现了问题,公司陷入了困境,老公焦虑得晚上睡不好,白天还要去公司处理事情。小路看着着急的老公,也很担心,但她还是一如既往地鼓励他:"这只是暂时的困难,很快就会过去的,现在可比我们才来城市的时候好得多了,那时候那样艰难我们都熬过来了，何况是现在呢？"老公看着小路认真的脸，笑了。

小路在任何时候都没有指责老公，而是一如既往地支持他、鼓励他，不断地给他坚持下去的勇气。在小路的鼓励下，老公取得了一次又一次的成功，从一次次的失败中重新站了起来。每个人在人生路途中都会遇到种种困难和挫折，面对突如其来的打击，很多人都防不胜防，心理也即将崩溃。这时候，正是需要帮助的时候，没有指责，没有质问，只是一句轻轻的鼓励，或者只是一个拥抱，一个善意的微笑，都足以燃起他心中的希望，给他强大的力量，那是重新站起来的力量，是重新获得成功的力量。

1.男人也需要被肯定、被鼓励

也许，有人认为男人那么坚强，是根本不需要鼓励的，只有弱者才需要鼓励。事实上，无论是强者还是弱者，都有最脆弱的时候，在那低迷的时候，最需要有个人能给他勇气、信心，能够不断地给他打气，成为他最坚实的后盾。对于男人来说，他们的自尊同样是异常脆弱的，假设你给正处于困境的他一顿责骂，他有可能就真的一蹶不振，甚至破罐子破摔，最终毁掉自己的一生。

所以，请在他最需要帮助的时候，用力地拉他一把，用你的语言行动告诉他，无论他成功还是失败，你永远支持他、陪伴他。如果你真的付诸实际，那么他会用一生来回报你的恩情。或许在你的鼓励下，他真的就成功了，重新找回了自己，他的重生证明了你的伟大，因为你的鼓励，让他对自己的工作充满了信心。

2.成为另一方最坚实的后盾

无论男女，在外打拼都很辛苦，如果遇到工作中一些问题，再强大的人也会感到沮丧。这时作为爱人，应该适时说几句安慰的话，虽然这些话并不会提供实质性的帮助，却可以让他/她工作重新充满信心，从而为明天的成功打下基础。

给对方自由,别把爱抓得太紧

蔡健雅有一首歌叫《呼吸》,那是一种对爱情的呼唤,没有了爱人的那种冰冷难耐的空气直接侵入,让人无法呼吸。可是,当爱人完全占据了你的世界,你也一样会感到无限的压力,自由空间受到限制,甚至无法呼吸。卡耐基说,我们都会认为一声关怀就是爱意,以为经常送上问候,嘘寒问暖,就是深情;以为只是询问而不干涉,就是宽容。可是,这样造成的结果就是爱人并不领情,自己也会感到很受伤。究其原因,是把爱抓得太紧了,从而限制了爱的自由,自然也就没有爱了。喜欢在春天放风筝的人都知道这样一个道理,风筝的线若是拽得太紧,风筝就会徐徐而落;若只是轻轻地抓住风筝线,那么风筝就可以自由地在天空中翱翔。爱情,就和风筝一样,也需要自由地飞翔,如果你紧紧地抓住它,爱就会死去。爱人之间,也需要呼吸的空间,每一个渴望爱情或者正在爱情中的人一定要记住,爱和风筝一样,也是需要空间的,紧紧抓住的爱会慢慢地在手中死去。如果你能懂得适当放手,爱就会变得更强壮,也更有生命力。在爱情的世界里,不要束缚,留出一点距离，让对方自由地呼吸。

他和她认识在浪漫的大学时代，然后在一大帮朋友的撮合下陷入了热恋。他很爱她，这是人人皆知的秘密；她也很爱他，这一点没有人怀疑。朋友都说她就像是他的影子，总是跟在他身边，形影不离。有人说，距离产生美。但他们俩却异口同声地反驳：有了距离，美也就没有了。

她不喜欢他抽烟，特别是在公共场合，那他就不抽，只要她高兴；她还不喜欢他上网打游戏，说那样会玩物丧志，他也可以不打，因为他认为她说得很对。她不让他做的事情，他从来不坚持，因为他觉得她也是为了自己好，他应该尊重她。渐渐地，他已经习惯了她这样左右自己的生活，而她也觉得只有这样，才能充分说明自己在他心目中的位置。

大学毕业后，他们开始工作了。他的工作时间并不是法定的八个小时，而是更长。刚开始，她只是埋怨他没有时间陪她，但是后来，这种埋怨逐渐升级为猜疑。有一次，他加班回家已经深夜一点了，一进门就看到她坐在床上，便问她为什么还没有睡，她阴阳怪气地说想等他回家闻闻身上有没有香水味。他只当她开玩笑，脱衣服去洗澡，可洗完之后却发现她正在床上翻自己的口袋。那天晚上，两个人都无法入睡。

后来，她每天都会打数十个电话查岗，他终于有一天忍无可忍，生气了："我在单位，你可以放心了吧？"这样的行为愈演愈烈，每天都会有歇斯底里的争吵，感情也一点点地被扼杀了。

卡耐基说，在爱情的世界里，我们都有过感动、有过信任，但在某些时候，这样的信任远远不及自己的猜疑。到底是什么扼杀了爱情？其实，真正的凶手就是因为自己抓得太紧了，没有给对方足够的呼吸空间，让爱情窒息而死。当爱情逝去了，有人才开始追悔"我为什么会傻到去猜疑一个如此爱自己的人，甚至做出那么多愚蠢的行为"，纵然幡然醒悟，但终究亲手扼杀了一段美丽的爱情。一直以为，只要有爱，就没有什么不可以，但是现在想来，爱情和人一样，也需要空间，也需要氧气，这样才能生存。

1.爱情只需八分饱

刚开始恋爱的时候，爱很感性，也很缠绵，但不可能整段爱情都是如此。爱情只是生活的一部分，除了谈恋爱，还需要生活、工作，不可能24小时都放在对方身上。在爱情里，每个人都需要保留一点自我的东西，不要过于依附对方。爱情就像吃饭一样，只要八分饱就可以了。爱一个人不要爱到十分，爱得太过会让人有窒息的感觉，也会成为一种束缚。那么，剩下的两分就留出来，成为两个人自由呼吸的空间。

2.遵守爱情中的刺猬效应

其实，人与人之间永远都存在着一个交往的距离，若离得太远，感受不到关怀，会显得孤独落寞；若离得太近，又会彼此限制，互相伤害。这样就像是冬天里互相取暖的两只刺猬，进行多次尝试之后才找到了一个合适的距离：既能获得温暖而又不至于受伤害。人际交往中也需要保持适当的距离，这在心理学上被称为"刺猬效应"。在人际交往中存在着刺猬效应，在爱情中体现得尤为明显。

参考文献

[1]刘文秀.卡耐基沟通课[M].北京：中国法制出版社，2016.

[2]戴尔·卡耐基.卡耐基沟通的艺术与处世智慧[M].王红星，译.北京：中国华侨出版社，2012.

[3]戴尔·卡耐基.卡耐基沟通艺术与人际关系[M].刘祜，译.天津：天津社会科学院出版社，2013.

[4]戴尔·卡耐基.卡耐基高情商沟通术[M].邢海鸟，译.长春：吉林出版集团股份有限公司，2019.